U0937737

好妈妈总有好方法

吴甘霖　邓小兰◎著

HAO MAMA ZONG YOU HAO FANGFA

绿色印刷　保护环境　爱护健康

亲爱的读者朋友：

本书已入选“北京市绿色印刷工程——优秀出版物绿色印刷示范项目”。它采用绿色印刷标准印制，在封底印有“绿色印刷产品”标志。

按照国家环境标准（HJ2503-2011）《环境标志产品技术要求 印刷 第一部分：平版印刷》，本书选用环保型纸张、油墨、胶水等原辅材料，生产过程注重节能减排，印刷产品符合人体健康要求。

选择绿色印刷图书，畅享环保健康阅读！

北京市绿色印刷工程

图书在版编目（CIP）数据

好妈妈总有好方法 / 吴甘霖，邓小兰著. — 南宁：接力出版社，2016.10
（吴甘霖教育方法书系）
ISBN 978-7-5448-4532-8

Ⅰ.①好…　Ⅱ.①吴…②邓…　Ⅲ.①家庭教育-教育方法　Ⅳ.①G780

中国版本图书馆CIP数据核字（2016）第215047号

责任编辑：楚亚男　美术编辑：张　凯　责任校对：刘会乔
责任监印：刘　冬　营销主理：段立诚
社长：黄　俭　总编辑：白　冰
出版发行：接力出版社　社址：广西南宁市园湖南路9号　邮编：530022
电话：010-65546561（发行部）　传真：010-65545210（发行部）
http: //www.jielibj.com　E-mail: jieli@jielibook.com
经销：新华书店　印制：北京明月印务有限公司
开本：710毫米×1000毫米　1/16　印张：18　字数：255千字
版次：2016年10月第1版　印次：2016年10月第1次印刷
印数：00 001—60 000册　定价：36.00元

目 录

第二单元　好方法如何让孩子更好地成长

序言　从吃力不讨好的教子劳累中解放出来

这是一本在十年调查和研究基础上写成的书，是作者吴甘霖所著《方法总比问题多》的家教版，其最大作用是要解决父母在教育孩子过程中吃力不讨好的问题。

毫无疑问，妈妈们都爱自己的孩子，为孩子无怨无悔地付出，但妈妈们难以理解的是，有时不仅达不到理想的教育效果，而且越教越累，甚至反倒被孩子“控制”，或招致孩子疏远和怨恨。这，到底是怎么回事呢？

其实，正如北宋著名历史学家司马光所指出的：“为人母者，不患不慈，患于知爱而不知教也。”教育孩子，只有爱远远不够，还得掌握科学有效的方法。只有爱却缺乏方法，就只能吃力不讨好！

十多年前，本书作者之一吴甘霖写作出版了《方法总比问题多》一书，引起强烈反响，至今已发行一百多万册，成为目前中国发行量最大的方法学著作之一。不少人指出：“中国教育的最大问题之一，是讲世界观太多，讲方法论太少；讲‘你应该’太多，讲‘怎么办’太少。这在家教领域中也十分明显。为什么不写一本《方法总比问题多》的家教版呢？”

为响应众多家长和老师的要求，吴甘霖与曾任全国妇联华坤女性生活调查中心主任的邓小兰配合，进行了不少家庭教育方面的调查，之后，总结出许多家长尤其是妈妈在教育孩子过程中普遍存在的，同时也很重要的问题，以及海内外一些优秀家长教育孩子的有效方法，这部分内容首先在电视和其他媒体上分享，并在培训课程中广泛运用，最终形成了摆在读者面前的这本书。

本书共分为三个单元：

第一单元，妈妈有爱还不够，妈妈更要有方法。

妈妈不重视方法，是导致其吃力不讨好的根本原因。本单元通过不少鲜活的案例告诉大家：一些家长也曾有过类似的困惑，但是他们善于总结经验教训，也愿意向成功的父母学习，因此总结并探索出许多好方法。这种探索精神以及具体做法，是十分值得还在困惑和痛苦中的妈妈们借鉴的。只要按照方法去做，她们就会由缺少方法到方法越来越多。

在这一单元中，我们还与大家分享了"如何表扬、如何批评"的两种常用方法，如"有效表扬的四大要点""有效批评的四先四再原则"。读者可以看到，即使是表扬和批评，有无方法指导，效果也会有天壤之别。

第二单元，好方法如何让孩子更好地成长。

本单元内容涉及孩子成长的方方面面：从人生观教育如何避免苍白无力，到如何让孩子学会负责；从如何让孩子成为学习高手，到如何让孩子全面发展，以及如何改掉孩子一些常见的"臭毛病"。通过切实、有效的教育方法帮助孩子更好地成长。

第三单元，好方法如何改善你与孩子的关系。

这也是困扰妈妈们的一个重要问题："我那么爱你，为什么你却这样恨我？""我想走进你的世界，你不让；我想让你走进我的世界，你又不来。"诸如此类的现象常常出现。但是，妈妈们可以通过改进自己、学会沟通、给孩子支持以及提升幸福指数等方面的努力，与孩子建立良好的亲子关系。

无论写作本书，还是进行家教培训，我们都注重将生动的案例、让人耳目一新的观点，以及有效管用的方法相结合。这样，大家不仅阅读起来轻松，而且借用其中的方法，也容易达到立竿见影的效果。

当然，此书名为《好妈妈总有好方法》，受益的主要是妈妈，但也不止于妈妈，也包括爸爸及其他教育孩子的长辈，同时对老师们如何掌握方法教育学生，也应该有一定的借鉴作用。

我们的这些探索，也得到了许多媒体的重视。中央电视台《教子一招鲜》

栏目专门制作了多期专题播放，受到了广大家长和老师们的充分肯定。

在构思和写作此书时，我们总想起曾经看过的一句话：

“会道者一缕藕丝牵大象，盲修者千钧铁棒打苍蝇。”

意思是：如果掌握了要领和方法，妈妈们就能轻松达到理想的教育效果，好比用一缕小小藕丝，就能将大象牵动。否则，就如同拿了一根铁棒，只能打一两只小苍蝇，绝对吃力不讨好！

妈妈从来不缺爱，妈妈只是缺方法。

愿各位妈妈和老师，都能学会“一缕藕丝牵大象”，牵动四两拨千斤。

这样，方法就能让你更会爱孩子，让你不费劲教出优秀、杰出的孩子！

好妈妈总有好方法

第一单元

妈妈有爱还不够，妈妈更要有方法

第一章　缺乏方法，你就只能吃力不讨好

本章提要

不要把“爱”作为不会教育孩子的借口。

如果你不掌握方法，可能会被孩子“控制”，可能会越努力越受累，而且，你那看来神圣无私的爱，最终竟会伤人害己。

只有掌握方法，你才能从吃力不讨好的现状中解放出来。

一　本应是孩子听你的话，为什么你却被孩子“控制”了

1. 不对孩子说“不”，他就可能肆无忌惮地对你说“不”

毫无疑问，每个妈妈都爱自己的孩子，但是，效果却大不一样：有的妈妈爱孩子，达到了理想的效果；有的却吃力不讨好，甚至事与愿违。

首先我们来看面对同一个问题，两种处理方式带来的不同结果吧！

有一次，我们受邀在母亲节做一场主题分享会。活动结束后，一位妈妈很伤心地讲述了自己的经历。

数年以前，自己与丈夫离异，十二岁的孩子归自己抚养。她除了好好工作，就是全身心地爱孩子，孩子要什么就给什么，后来她发现一个严重的问题：孩子的要求，常常超出妈妈的经济能力，也并不是孩子当时生活和学习的必需品。孩子先是买了一台电脑，主要是用来打游戏，不到一年电脑就用坏了。前几天，孩子又要买一台很贵的电脑。妈妈没有答应。孩子先是把自己关在房间里不出来吃饭，后来又撞墙，还威胁妈妈说：“再不买，我就离家出走。”

这位妈妈束手无策，又伤心又恐惧，问我们到底该怎么办。

类似这种孩子向父母要不到东西就生气、哭闹甚至威胁的情况，绝对不少见。在我身边，不止一位妈妈讲述过类似的苦恼。

面对这样的问题，是不是所有父母都束手无策呢？且看这样一个故事：

一位女生在国外上学，班上同学每人都有一台笔记本电脑。如果论经济实力，他们家很富有，但是，当爸爸的没有答应女儿，而是告诉孩子：爸爸可以给你买，但是你要知道，这个世界上没有白白得来的东西，你现在已经是一个大孩子了，需要付出劳动才能获得想要的东西。

接着，他给女儿两个选择：第一个选择是帮妈妈做一个月家务，每天至少一个小时；第二个选择是背诵三十篇新东方的励志文章。

她选择背诵励志文章，结果不到两个星期就背得滚瓜烂熟，爸爸检验她做到了，就给她买了笔记本电脑。

那么，这位爸爸是谁呢？

就是著名英语培训学校——新东方的创始人俞敏洪。

看完上述故事，不知你有什么感受？

不可否认，俞敏洪这样的家长太有智慧了，因为他不仅没有对孩子“有求必应”，而且学会了智慧地“钓鱼”：

第一，将孩子喜欢的东西变成她做另外一件事的动力。

第二，把父母从来只当“福利”给孩子的东西，变为要孩子付出努力后才可以得到的“奖励”。

那么，他是如何做到这点，又有什么值得妈妈们学习的呢？

且看他的观点：

家长要让孩子明白，真正的幸福不是别人送来的，而是靠自己努力争取来的。

现在的家长对孩子是十分娇惯的，孩子要什么就给什么。比如孩子喜欢一个玩具，家长不买他就不走，最后家长没办法只能买了。于是孩子就有了这样的心理，只要他坚持，家长就会让步。

因此，我在给孩子买东西前，都会把握两点：

第一，我会分析他要的东西是否合理，如果不合理就坚决不买。

第二，即使合理也不能轻而易举地给他买，我必须让孩子完成一项任务后才会给他买。

这是他的具体操作方法，而支撑他这样做的，是他那独具见解的教育理念：

做父母的一定要记住，绝对不能让孩子吃定你，绝对不能要什么给什么。教育孩子和驯养动物差不多，现在很多做父母的还不如动物园的驯兽员。

驯兽员驯养动物有两种方式：第一，鼓励——绝对地鼓励；第二，限定，甚至是惩罚。

我曾经问一个驯养海豚的驯兽员，为什么他训练的海豚能从水中跃出，并从那么高的圆圈钻过去？他说其实海豚开始是不会的，他先把这个圆圈放在水里面，海豚钻过去就给它一条鱼吃，没钻过去的就不给吃。

海豚也不笨，很快明白了吃鱼的方法。后来海豚就形成了一种条件反射，并明白一个道理：只要我钻过这个圆圈就有鱼吃，没钻过去就会挨饿。

紧接着，驯兽员就把这个圆圈提出水面，让海豚继续钻。

海豚发现圆圈不在水中了，只能跳过去。圆圈被不断提高，大概要提十次到二十次，需要一年左右的时间，海豚跳圈的训练就完成了。

从这个例子中，父母应该明白一个道理：鼓励和限定在教育孩子的过程中十分重要。

我想通过俞敏洪的经验告诉大家：

给孩子“限定”，与给孩子爱同样重要。

让孩子懂得“限定”，通过与孩子确定“边界”，让孩子明白什么可以做，什么是“越界”，“越界”就可能受到惩罚，让孩子做到心中有数。

但是，像他这样的父母也太稀缺了。更多的人，是与前面那位妈妈一样，孩子要什么就给什么，最终被孩子“控制”，这已经成为一种并不少见的现象。

不懂得给孩子设置“边界”，不会对孩子说“不”，有可能孩子就会肆无忌惮地对你说“不”。

2. 可以当孩子的“朋友”，但你也是孩子的“监护人”

有一些妈妈在溺爱孩子的同时，还美其名曰是孩子的“朋友”。

道理没有错，妈妈应该与孩子平等相处，但值得提醒的是：这不意味着一切顺着孩子。

因为，你固然可以当孩子的朋友，但同时，你还是孩子的“监护人”——在孩子成长的阶段，你有责任让其走在正确的道路上；当他有错误的时候，你也有责任指导、批评他。

也就是说，这时候，孩子得听你的，而不是你一味地纵容他。

我们曾经看过一篇写外国人教育孩子的文章，记录了一位中国老人去了美国，住在儿子家里，看儿媳教育孩子的情景：

> 一天中午，托比闹情绪，不肯吃饭。苏珊说了他几句，愤怒的托比一把将盘子推到地上，盘子里的食物撒了一地。苏珊看着托比，认真地说：“看来你确实不想吃饭！记住，从现在到明天早上，你什么都不能吃。”
>
> 托比点点头，坚定地回答：“好！”我在心里暗笑，这母子俩，还都挺倔！
>
> 下午，苏珊和我商量，晚上让我做中国菜。我心领神会，托比特别爱吃中国菜，一定是苏珊觉得托比中午没好好吃饭，想让他晚上多吃点儿。

那天晚上，我施展厨艺，做了托比最爱吃的糖醋里脊、油焖大虾，还用意大利面做了中国式的凉面。托比最喜欢吃那种凉面，小小的人可以吃满满一大盘。

开始吃晚饭了，托比欢天喜地地爬上餐椅。苏珊却走过来，拿走了他的盘子和刀叉，说："我们已经约定好，今天你不能吃饭，你自己也答应了的。"托比看着面容严肃的妈妈，哇的一声哭起来，边哭边说："妈妈，我饿，我要吃饭。""不行，说过的话要算数。"苏珊毫不心软。

可怜的小托比就那样自始至终一直坐在玩具车里，眼巴巴地看着我们三个大人狼吞虎咽。我这才明白苏珊让我做中餐的真正用意。

我相信，托比下一次想发脾气扔盘子时，一定会想起自己饿着肚子看爸爸妈妈和奶奶享用美食的经历。饿肚子的滋味不好受，况且还是面对自己最喜爱的食物。

这位老人不由得想起自己在国内的外孙女，像托比这么大时，为了哄她吃饭，几个大人端着饭碗跟在她屁股后面跑，她还不吃，还要谈条件：吃完这碗买一个玩具，再吃一碗再买一个玩具……

看到这两种不同的教育方式，也许我们不难得出这样的结论：

科学地拒绝孩子，不但不会伤害他们的自尊心，反而会提升父母威望，使孩子们懂得更多人生道理，养成好的生活习惯。

3. 警惕三种错误的家教方式

本书作者之一邓小兰，曾任全国妇联华坤女性生活调查中心主任。有一次，调查中心围绕妈妈们为何教子失败，做了一个详细的调查，并发现一个规律——

失败的妈妈，往往都经历了这三个阶段：

第一阶段：纵容式家教。

不管孩子的要求是否合理，都一律满足；不管孩子的做法是否正确，都一律认可。

什么叫纵容式家教？我们不妨看下面这样一个情境：

强强有一段时间特别爱吃炸鸡，妈妈也天天给他做。后来妈妈的朋友说这样对孩子身体不好，妈妈便尝试着做了一桌其他好菜。

不料，强强放学回家，一看没有自己爱吃的炸鸡，就把筷子一扔，不吃饭了。

妈妈笑眯眯地说：

“强强，我知道你喜欢吃炸鸡。但是你知道吗？总吃炸鸡对你身体不好，尤其晚上吃油炸食品，很不利于消化。我们这几天吃别的菜，过几天我再给你做炸鸡，好吗？”

但强强根本不听妈妈的解释，说没有炸鸡就绝不吃饭，还说，如果妈妈不愿意做，去外面买也可以。

当时外面正飘着大雪，妈妈说：

“你看，现在外面下大雪。妈妈的膝盖有风湿病，如果这会儿出去，膝盖会疼。我们改天去买，好吗？”

强强置若罔闻，毫无反应。

妈妈走近儿子，讨好般地说：

“如果再做的话，冰箱里倒是有，但得化冻，把油烧热，很费劲的。我看你也饿了，而且妈妈等会儿还要加班，帮单位起草一份文件。好孩子，你看，菜都做好了，我们先吃。妈妈明天再给你做炸鸡，行吗？”

强强这时往沙发上一靠，打开电视看动画片了，他说：

“我现在不饿，你有时间的时候再慢慢做吧。”

妈妈看到儿子这个样子，无可奈何地叹了口气，只好打开冰箱，拿出鸡肉……

在这个情境中，我们看到的是什么？妈妈一步一步地纵容，孩子一步一步地“胜利”。

在这个过程中，孩子通过自己的不断坚持，向父母发出信号：我的需要是第一位的，你得听我的！

而不少家长就像这个妈妈一样，一步一步地撤退，直到最后“缴械投降”。

在这个过程中，孩子变成了“小皇帝”，父母不得不听孩子的话。父母的尊严和威望扫地，亲子关系发生了颠倒。

这种现象少见吗？在当今的中国家庭中，可以说随处可见，也许此刻，正发生在你和你的孩子身上！

妈妈要明白：你的纵容，只会造成孩子的放纵。如果任由这种现象发展下去，你就会越来越被动，其后果无法想象。

唯有适当地约束、拒绝孩子，讲究说“不”的方法和技巧，才更有利于孩子的健康发展。

第二阶段：暴力式家教。

当问题越来越严重的时候，妈妈开始着急了，开始和孩子讲道理，讲情感，但当这一切都没有作用的时候，就采取打、骂等方式教育孩子。这时候，往往越着急越没用，越生气与孩子的对立越严重，甚至会因为某些极端行为导致孩子离家出走。

出现这种情况，妈妈应该明白：

冰冻三尺，非一日之寒。首先，妈妈得管理好自己的情绪，反思自己的错误，学会与孩子正面沟通，尽快回到正常的母子关系，再与孩子一起解决问题。

第三阶段：放弃式家教。

如果纵容导致孩子放纵，暴力又导致与孩子对立，这时候找不到有效的解决方法，一些妈妈就感觉束手无策，最后干脆放弃了。

可以说，上述失败妈妈的三部曲，对孩子的伤害是致命的，对家庭而言也是一个极大的悲剧。

父母一些不得当的教育方式，常常体现为以爱之名对孩子纵容、溺爱，其恶果就是导致孩子以自我为中心，将来无法在社会上生存。

关于这点，著名作家刘墉曾一针见血地指出：

今天有多少孩子跟父母讨价还价，既要美国式的自由，又要中国式的宠爱，却没有美国孩子的主动，又失去了中国传统的孝道。然而这批孩子进入社会后，既要美国式的公司福利，又要中国式的铁饭碗，却没有美国员工的自律和中国传统的忠诚。

从小讨价还价，长大后失去原则，该讲情的时候讲理，该讲理的时候讲情。这就是我们的家庭教育缺失理性成分的结果。

是不是讲得非常有道理？对此，我们不少以爱之名纵容孩子的妈妈，能不警觉吗？

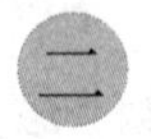

本应有爱就会有幸福，为什么你的爱却收获痛与恨

爱，是世界上最美好的情感。尤其是母爱，千百年来被人无数次地歌咏吟唱。

可是，让人难以理解的是，这些年来，不少中国母亲却陷入痛苦的困境：为孩子付出那么多爱，不仅没有成就孩子，反倒害了孩子。结果自己痛苦，孩子也怨恨母亲。

怎么会出现这种怪现象呢？

1. 压力太大的爱，让孩子不堪重负

《中国青年报》刊登过一篇报道：武汉一个机构进行征文，有四千多名学生参加。但是其中有三千多名学生，写下了他们对母亲的不满。他们有的说妈妈是一个“精算师”，把他的每一分钟都控制得特别紧；有的说妈妈是一个“变色龙”，成绩好梦里都在笑，成绩不好，妈妈就暴跳如雷等等。

在这三千多名学生的笔下，妈妈都是丑陋的。

这样的结论，恐怕是妈妈们最为痛心又无法接受的。想当初，当孩子刚出生时，她们心中是何等喜悦啊！可为什么付出了这么多，自己在孩子眼中

反倒是这样丑陋呢？你叫她们怎么能不伤心，不灰心？

如果认真分析原因，我们就会吃惊地发现：很大程度上，正是妈妈不恰当的爱，导致了这种现象的发生。

《楚天都市报》曾刊登过一篇报道：年轻母亲五小时火车旅程给女儿上五节课，又打又吼。讲述在一列从无锡到武汉的火车上，一个“争分夺秒”的年轻妈妈，利用五小时的火车旅程，给年约五岁的孩子上了五节文化课，有数学，有语文，其间还不断呵斥、打骂孩子。

该报道披露，这个年轻妈妈和她五岁的女儿旅途归来。才上车，妈妈就开始教孩子认识人民币。先教了半小时货币换算，又开始上数学课——妈妈出题孩子算。之后没有课间休息，这个妈妈接着开始了第三节课——找规律填空，然后又给孩子上了“听写课”“识字课”。直到下火车时，还让孩子“从一数到一百”。

这么小的孩子，这么密集的学习，孩子怎么全部接受得了呢？如果反应慢一点，或者做错了，妈妈的口气顿时严厉起来：“怎么这么笨？再算错，你小心点！”她一巴掌打在孩子的手臂上，孩子哭起来。妈妈警告道：“不许哭！哭也要做！”

此事引起广大网友关注，大家认为这个妈妈的行为太“恐怖”，同时感叹：五小时的火车旅程，沿途经过多少美丽的山水，妈妈不但没有想到给孩子介绍，反而始终沉迷于教孩子识字算数，这美丽的世界在这个妈妈眼里还不如一道道数学题！

更多家长在这个妈妈的身上，看到了自己的影子：“我自己也存在着这样的问题，也曾多次告诫自己改正方法，可又难以克制那种让孩子学知识的着急心理。”

大家可以发现：这个妈妈，是一个“望女成凤”的人，从出发点而言，这个妈妈是一个对孩子有爱、希望孩子将来有所发展的人，但她这种拔苗助长的行为，已经给孩子带来过大的压力，在这种压力下生活的孩子，会丧失这个年龄的孩子本应有的自由与幸福。当孩子不堪重负地进一步发展下去，他能不抵触这样的妈妈、能不恨自己的妈妈吗？

有专家对当今社会这些妈妈的“母爱”进行了分析，认为这与她们心中的焦虑有关，主要体现为“五怕”：

一怕孩子闲着，把孩子的时间占满了，心里才踏实；

二怕孩子玩耍，把孩子紧紧攥在手心里，冲突必然会随着孩子的成长不断激烈；

三怕孩子出错，盯着孩子的错误并无限放大，还反复提醒孩子的错误；

四怕孩子吃亏，教孩子一些不合情理的人际交往方法；

五怕孩子失败，学习成绩、考试名次像戴在孩子头上的紧箍咒一样，让孩子每天战战兢兢。

从表面上看，这“五怕”是为孩子考虑，是妈妈爱孩子的表现。但是，也许就是这种充满焦虑，缺乏对孩子必要的尊重，缺乏对孩子情感的了解的“爱”，让孩子难以得到应有的温暖。

这时候，也许就能知道为什么她们付出了爱，却得到了孩子的怨恨。

那该怎么办呢？著名青少年教育专家孙云晓提出了几条好建议：

① 尊重孩子的兴趣与爱好。因为这是他美丽人生的幼芽，是他灿烂梦想的尝试，剥夺他的这种权利是很残忍的，也是很愚蠢的。

② 多问孩子的想法。父母在决定某件事情的时候，应该问问孩子：“我这样做你能接受吗？”“你有什么样的想法呢？”

③ 关心孩子的情绪。有的孩子由于性格内向或者不愿意真实表达自己的意愿，往往会在情绪中体现不满，这时候父母应该多加注意，及时发现，再耐心地和孩子沟通，不要忽略你无意中的言行对孩子造成的伤害。

④ 不要逼迫孩子“交代思想”。请告诉他：“如果你愿意，我希望倾听你的心里话；如果你不愿意，我也不勉强。”

2. 事事包办的爱，总是让孩子无法自立

还有一种妈妈对孩子的爱，体现为对孩子“无微不至”的关怀：许多本来应该是孩子自己做的事情，她们却要包办。

那么，这样包办的结果会如何呢？

我们来看一篇报道。

严永明是湖南省岳阳市的“天才少年”，八岁就上了中学。只是高中毕业的妈妈，看到孩子从小聪明过人，非常希望孩子能出人头地。孩子也非常争气，十三岁就考上了湘潭大学。

可是，妈妈认为孩子的自理能力太差，决定陪读。学校本来不同意，但是妈妈又哭又闹，学校没有办法，只好同意了。

于是，在妈妈的严格控制下，孩子没有娱乐活动，没有课余时间，不过孩子的成绩很出色，十七岁就被中科院高能物理研究所录取为硕博连读生。

妈妈想继续陪读，但这一次学校坚决不同意，并对妈妈说：“你再这样下去，孩子就毁了。”于是，妈妈放弃了陪读。

但是，半年后，学校还是让孩子退学了。因为中科院是要培养有创造性且有动手能力的学生，严永明虽然成绩很好，却极其缺乏创造性和动手能力，除了读书什么都不会，所以只好退学。

这时妈妈才意识到是自己的教育方法有问题，开始反思。于是，她教孩子洗衣服，可是他学了一年都还没学会。看到衣服上的脏东西，他只会用手指抠，不会搓洗，生活能力极其低下。

当然，严永明妈妈这种爱孩子的方式，的确有点极端，但是，在不少地方，为孩子包办一切的妈妈并不少见。其实，这就是对孩子的溺爱。而这样溺爱的结局，往往让妈妈后悔莫及。

作家刘墉曾写过《人生百忌，最忌溺爱》一文，以养小动物的形象比喻，说明妈妈溺爱孩子带来的不利后果：

今天你养了一只小猴子，把它关在笼子里，喂它好吃好喝，却从来没教它自己找食物。小猴子一天天长大，你想它应该回归自然，于是把它放到野外。起先它兴奋极了，但是后来因为无法适应外面的世界回来找你，你把它推开。但这时小猴子抓狂了，它跳上你身，掏你口袋，扯你衣服，最后狠狠咬你一口。

听了这故事，你也觉得不可思议吗？父母的溺爱使孩子都难以呼吸了，突然有一天放手不管，孩子抓狂又有什么稀奇？

今天在中国，无论家庭教育还是学校教育，都存在一个普遍问题，就是跟社会脱节：只教孩子读书，不教他了解社会。书本里教的全是圣人、贤人，而社会上还有不少坏人。

对此，刘墉给妈妈们提出一个很重要的建议：

如果你已经在溺爱了，趁孩子还在身边，开始转向吧！一步一步转，一点一点教，让他去吃一点小亏，受一点小苦，上一点小当。

既然你无法代替孩子去生活一辈子，那么，为什么不尽早把应该孩子自己做的事情还给孩子？

3. 处处纵容的爱，容易让孩子走上邪路

还有一种极端的爱，就是对自己的孩子处处维护、处处纵容。哪怕孩子错了，也不分青红皂白地呵护、维护，这样的结局，往往会让孩子栽跟头，甚至走上邪路。

近年来最让人震撼的事件之一，是两位知名歌唱家的儿子李某某因强奸罪获刑十年的事件。

该事件发生后，一些媒体经过调查披露，李某某之所以有这样的结局，

与其父母尤其是其母亲的过度呵护有关。

李某某曾因为寻衅滋事被劳动教养一年，但其父母似乎并没有正视这个问题，李某某提前三个月被释放后，父母为他改了名字，甚至还给他换了一部更好的名车。

其父母的做法，引发了人们的反感与批评，人们认为：

在孩子未满十八岁前，不应该给他买车，更不应违章后还找人帮他摆平。孩子因打人被劳教，事后父母又给他买新车。这样做，孩子会认为，被劳教不是惩罚，相反还能得到奖励。

孩子伤害了别人，作为母亲首先应该向受害者道歉，而不能先请求别人原谅自己的孩子，更不能指责受害者如何不对、小伙伴们如何不对、酒吧如何不对、法官如何不对，好像自己的孩子没有什么错，错的是周围的所有人。

在一次以“青少年自我管理”为主题的专家研讨会上，著名教育专家、“知心姐姐”卢勤针对这一事件做了如下评价，值得我们重视：

“如果一味宠爱孩子，什么事都顺着孩子，反倒会害了孩子，从犯错到犯罪也许就是一步之遥。”

中国常常说“严父慈母”，慈爱是必要的，但与此同时，还有句俗话：“慈母多败儿。”这句话具有很强的辩证关系。这不是说母亲不要慈爱，而是说凡事不要过度，对孩子不要溺爱，过分娇惯，否则只会害了自己的孩子。

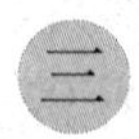

本应越努力越轻松，为什么你却越努力越受累

1. 不要让“猴子”爬到你的肩膀上

我们讲管理学课程时，经常讲到一个概念：不要让“猴子”爬到你的肩膀上。

“猴子”指的是责任。父母不要把本应属于孩子的责任大包大揽到自己身上。

《儿童月刊》曾刊登过一篇《妈妈怎么教育我》的文章，作者是上海市黄浦区曹光彪小学一位姓巢的同学，他讲述了自己的妈妈如何通过改变教育方法使自己真正转变的故事。

这位小学生有不少优点，但有个明显缺点，就是时间观念太差。做作业时总是静不下心来，进房间不到一分钟，他就跑出房门说要喝水。才坐下五分钟，他就起身说肚子饿。刚吃完了点心，他又想看电视。几个小时过去，作业只做了一点点。妈妈常常为这件事苦恼，又是叮嘱又是教导，但效果并不明显。

一天，这位同学放学回家，又以这样的方式做起作业来，可奇怪的是，妈妈只顾做自己的事，一点也不理会他。这位同学便更放肆起来，结果那天晚上，十二点半才上床睡觉。第二天一早，这位同学又拖着不肯起床。奇怪的是，妈妈并没有催他。

等这位同学慢条斯理地吃完早饭出门时，已经七点四十，学校八点上课。

等他们到了学校门口，同学们已经上课好一会儿了。这位同学使劲拉着妈妈的衣襟，让妈妈去和老师解释，可妈妈却斩钉截铁地说：

“你犯的错，你只能自己去面对，今天我是不会去替你说情的。”说完，妈妈便一转身，消失在街口的拐角处。

望着妈妈远去的背影，这位同学一下子明白了，妈妈昨天和今天的反常行为，是在教育自己呢！

从此之后，这位同学在学校抓紧时间学习，在家做作业也不再磨蹭，学习效率提高了很多。

这个故事，给我们不少妈妈带来启示：

孩子出现问题，有时就是因为孩子没有承担自己该承担的责任，孩子应当自己去面对、去解决。这样，“猴子”就不会爬到你的身上。

你为孩子操心和代劳，实际上不仅自己累，孩子也无法成长。

妈妈们要明白这样一个道理：

所有孩子其实都是在承担责任和面对问题中成长的。我们不要用自己的肩膀去代替孩子承担责任，不要用自己的脑袋去代替孩子思考。

当我们把成长的机会还给了孩子，同时也就解放了自己。

2. 不要强迫孩子按照你的意愿去成长

星星河家园的创办人、家教专家徐国静，曾在《初中生报》做了二十年记者。为调研家庭教育问题，她走访了全国二十多个城市，跟众多家庭接触后，她发现孩子的问题大多源自妈妈。

徐国静心中一直对一个孩子非常惋惜。

男孩五岁时她就认识，他喜欢捏小泥人，拇指大小的小人，他能连盔甲上的钉、扣都捏出来，很有天赋。小学时参加比赛，他几分钟就捏出一个《牧童短笛》，得了一等奖。但孩子的父母一定要他学数学，最后他考上了一所大学的数学系。

后来男孩告诉她，自己真的不喜欢数学，而且学不好，和别人花同样的时间，别人会了可男孩还是不会。

“虽然他遵照父母的心愿上了数学系，但我敢肯定，这孩子学得不开心，而且不会有成就感。这个孩子其实已经显露出才能，父母可以加强培养，将来可以往美术、艺术设计等方向多努力，照样有饭吃。

“我们当前分数至上的教育环境太现实、太痛苦。我们好多家长在干什么？他们无视孩子的才能，要求孩子去做他们认为有饭碗的事，可孩子却感觉不到快乐。父母的责任应当是发现、开发孩子的才能，多创造条件，把孩子的才能与社会的需要相结合。”徐国静说道。

管理学有个很有名的原理：要创造好的业绩，关键在用人时要激发兴趣，先用长处。也就是说，只有一个人对自己所学或所做的事感兴趣，同时又能发挥长处的时候，他才最有干劲和信心，也最能取得成就。

可是，有些父母却是从自己的意愿出发，强迫孩子做些不愿意、不擅长的事情。怎么能不累？

3．不要以极端方式激化矛盾

成长中的孩子，尤其是处于青春期的孩子，难免与父母产生这样那样的矛盾。这时候，父母要学会正视问题，以妥善的方式解决问题。

但遗憾的是，不少妈妈面对矛盾，不是冷静地去分析矛盾产生的原因，不是去探究解决问题的有效方法，而是常常以极端的方式去对待自己的孩子，打骂、威胁说“从家里滚出去”，甚至以死相要挟。

这样做有什么后果呢？最直接的后果，就是会激化矛盾，不仅往往难以达到你想要的效果，反倒让问题更加严重，甚至造成悲剧。

且看《成都商报》一篇报道：

四川省广元市一名中学生明明，放学许久没有回家。他的妈妈赶到学校没有找到儿子。她回家做了晚饭，等到八点多还是没有见儿子回来，于是，就沿街到各个网吧寻找，果然在网吧里找到了他，两人发生口角。

之后她拽着儿子，来到嘉陵江旁。她站在河滩上，探出一只脚，哭喊道："你再上网，我就跳下去。"接着，她就真往江中冲了几步，一个暗流涌来，她一个趔趄倒在江中，不见了踪影。

明明慌了神，慌忙去江中抓捞，但没有抓到，他哭喊着昏倒在河滩上，路人慌忙报警。

不久，明明的爸爸闻讯赶到。得知自己的妻子跳江，而且还没有找到，他气得浑身颤抖，怒踹儿子两脚，吼道："你再上网，你再打游戏！"

就在这时，发生了意想不到的一幕：明明望了父亲几眼，又望了望嘉陵江，突然转身冲进江中。离得最近的警察去救他，原本已经在水中抓住了明明，但明明与其他落水者不同，并未拽住警察的衣服或抱着警察求生，他奋力从警察手臂中挣脱，之后就再也没了踪影。

据报道，明明本来成绩不错，但是因为迷上了网络游戏，成绩急剧下降。妈妈为此很操心，曾经四次在同一个网吧找到儿子。在这次出事之前，儿子还写了一篇周记：

"我想对妈妈说：'妈妈，对不起。我不会再让您受委屈，从此以后，我会认真学习，我会让您过上好日子。'"

明明的妈妈曾经看到过儿子写的这篇周记，看得泪水涟涟，但没有想到，没过多久，儿子又出去打游戏了。她可能是伤心到了极点，也灰心到了极点，所以才有跳江的举动。

而明明的爸爸，则责怪网吧明知不允许未成年人进入网吧，却一次又一次允许明明打游戏的做法。

是的，这固然可以怪网吧，怪孩子，但是，不容忽视的是，面对问题，我们不应该采取这种极端的方式。否则，不仅不能让孩子回头，反倒将自己和孩子逼向了死亡。

妈妈跳江的做法，是恨铁不成钢，也是爱到了极致的表现。但是，光有爱，缺乏好的方式与方法，够吗?

于是，我们回到最核心的一个观点:

妈妈从来不缺爱，妈妈只是缺方法。

这，正是本书要全面探讨的内容。

第二章　千难万难，找对方法就不难

本章提要

孩子的成长过程，就是考验妈妈智慧的过程。

当一个好妈妈并不容易，不是简单地付出辛苦就可以，还需要有智慧，否则，就很容易陷入吃力不讨好的困境。而找方法——找出方法、找对方法，是帮助妈妈从困境中解脱出来的唯一途径。

当我们懂得了如何找方法，教育就不再是难题。

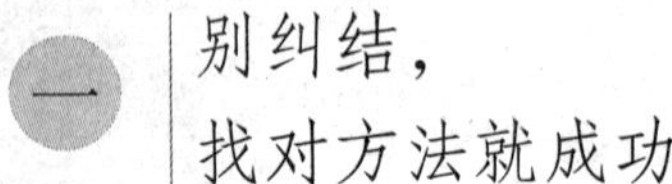

一 别纠结，找对方法就成功

妈妈和妈妈之间的差距，固然在于给孩子多少爱，更在于有没有方法。如果我们感到教育孩子力不从心，那么一定是我们的方法出了问题。

这时候我们要做的，首先是要有勇气突破过去的经验和做法，去尝试、摸索更好的方法。

1. 不偷懒：你不去找方法，方法不会主动来找你

要想成为一个真正的好妈妈，就需要在不断学习和思考中找到合适而有效的方法。

这并不是一个很轻松的过程，这要求我们在教育孩子的过程中，要不断克服懈怠和偷懒的念头。如果我们不积极主动地去找方法，方法不可能主动来找我们。

只要我们改变偷懒的思维，认真对待孩子出现的每一个问题，就一定能够找到好的方法。

比如孩子懒的问题，令很多父母纠结、犯愁。但有一个妈妈，却将一个“懒”女儿打造成了世界冠军。她的做法，也许可以给许多妈妈以启示：

骆晓娟是中国女子击剑运动员，曾获得女子重剑世界杯意大利罗马站女子重剑个人冠军、二〇一二年亚洲击剑锦标赛冠军和伦敦奥运会女子重剑团体冠军。

培养出这个世界冠军，骆晓娟的母亲可没少动脑筋，花心思。

骆晓娟出生于江苏大丰市的一个农民家庭，父亲开拖拉机，母亲仇美云在建筑工地上干活。夫妻俩努力赚钱，就是希望让女儿生活得好一些，因此对女儿的要求几乎是百依百顺。这也让骆晓娟从小就养成了娇生惯养、吃不了一点苦的毛病。

但慢慢地，仇美云意识到了女儿身上的问题。一次，仇美云在建筑工地劳累了一天，回到家就躺到了床上。这时，七岁的晓娟却吵着要喝水，仇美云让她自己去倒，但她就是不肯。无奈之下，仇美云就让晓娟去门后面把她的拖鞋拿来，她再起床去倒水。但晓娟却小嘴一噘，说让妈妈自己去拿。

女儿的态度，让仇美云很伤心。那天晚上，仇美云想起白天发生的事情，久久无法入睡。女儿已经不小了，可平时只知道饭来张口，衣来伸手，什么都不愿意干，连穿衣服都要父母帮忙。她意识到再这样对女儿娇纵下去，将来会出大问题，这不是爱女儿，而是在害女儿。

于是，她下定决心要改变以往的教育方法。

所有的方法，都源于问题。认识到问题的存在和问题的严重性，就是我们寻找方法的开始。

有问题并不可怕，可怕的是对问题麻木、视而不见，并任由其发展下去。如果我们能正视问题，并下定决心一定要解决它，那么我们就会克服以往的惰性，踏上主动找方法的旅程。

2. 不拖延：现在就是找方法的最佳时机

有句话讲得好："现在不做，等于永远不做"。拖延，不过是给自己的懒惰找借口，不仅无助于问题的解决，反而会让问题越拖越严重。

当意识到问题的存在，并下定决心要解决，接下来就要立即去做、去行动。我们接着看仇美云是怎么做的。

在认识到自己的问题后，仇美云立即开始认真思考解决的方法，很快就找到了应对之道。

第二天一早，仇美云照常叫醒了晓娟，但没有像往常一样帮她穿衣服。晓娟催了几遍，但仇美云只是告诉女儿，自己的事情自己做，然后就做早饭去了，不再理她。

晓娟开始以为妈妈是在跟她开玩笑，赖在床上不肯起来。但眼看着上学的时间就快到了，妈妈还是没有一点要帮她穿衣服的意思，她才知道，妈妈这次是认真的。于是，晓娟只好自己爬起来穿衣服。

看到女儿的表现，仇美云知道自己的方法奏效了。从那以后，不仅是穿衣服，连收拾房间和整理床铺这些事情，仇美云也不再帮晓娟做了。

晓娟开始并不愿意，但慢慢就习惯了。她不仅能够做好自己的事情，还学会了主动分担家务，比以前更能吃苦了。

上小学后，晓娟因为身体瘦弱，经常生病请假。为了让女儿的身体尽快强壮起来，仇美云先是借口自己"腿痛"不能骑自行车，每天陪女儿走路上学，后来看到路程太短，只有十分钟，走路效果不明显，于是就将女儿转到了离家有半小时路程的学校。

转校后，晓娟每天不得不更早起床，这让常常感到睡眠不足的晓娟忍不住有些抱怨。于是仇美云就给女儿提建议，每天跑步上学，这样就能多睡十分钟。

刚开始几天，晓娟还能坚持，但慢慢地她就不想跑了。为了让女儿坚持下去，仇美云就每天陪着女儿一起跑。之后，再让女儿自己跑。

晓娟的体质因此有了明显改善，等到四年级的时候，她不仅个头儿比其他同学高出很多，体育成绩也非常拔尖，并因此被选入了大丰市体校田径项目组。

只要发现问题，就要立即想办法去解决，绝不拖延，因为找方法的最佳时间，就是现在，并非以后和将来，并且问题在苗头状态下，往往也最容易解决。

这是仇美云培养女儿给予我们的第二点重要启示。

3. 不懈怠：方法就会越用越有，越用越多

"从 0 到 1 的距离，超过从 1 到 1000 的距离。"

这是本书作者之一吴甘霖，在参与一次电视节目时，与著名企业家——时任联想控股有限公司董事长的柳传志交流时说的一个观点。

这观点看起来荒谬，实际上不无道理：因为从 0 到 1 是质变，从 1 到 1000 是量变。

善于用方法的人都有这样的经验：在没有养成找方法的习惯之前，要找到方法往往并不容易，但一旦找到突破口，并坚持不懈地在找方法的道路上思考，就会发现方法越用越有，越用越多。

还是以骆晓娟的故事为例。

进入体校后，艰苦的训练很快让晓娟感到吃不消，她有了放弃的念头。一天，在没有向教练请假的情况下，她偷偷跑回了家，向

妈妈哭诉只要不去体校，让她做什么都可以。

仇美云很心疼女儿，但她也知道，作为妈妈，她有责任让女儿明白，做任何事情，如果想要做好，就非得吃苦不可。

她没有给女儿讲大道理，而是提出让女儿留下来，帮家里插几天秧。想到可以不去体校“受苦”了，晓娟立刻答应下来。但真正下了地，她才发现做农活并不容易。

由于没掌握好技巧，晓娟深一脚浅一脚地踩在泥水里弯腰干了几个小时，才插了不到一分地的秧。插完一看，秧苗不仅歪歪扭扭，而且因为插得不够深，秧苗全都浮了上来。几个小时的辛苦全都白费了。

看着女儿又累又气又沮丧的样子，仇美云趁机对她说，做什么事情都不容易，如果爸爸不吃种田的苦，全家就得挨饿。同样，如果她不吃训练的苦，将来也无法成才。

晓娟听了，什么话都没有说，第二天一早就拎着行李回了体校。从那以后，她再没有因为训练叫过苦，成绩也迅速提高，很快她就被招进了盐城体校。

看到女儿的进步，仇美云非常高兴。但仇美云知道，要成为一名出色的运动员，光有好的体格、只会用蛮劲儿可不行，还得善于思考，学会用巧劲儿。为此，她又想办法给女儿上了一课。

一次，晓娟从体校回家休假，仇美云让她帮忙把鸡赶进鸡圈。结果晓娟费了九牛二虎之力，忙出了一身汗，也没有成功把鸡赶进鸡圈，好不容易这只进去了，那只又出来了。

仇美云看着手忙脚乱的女儿，说：“像你这种做法，到明天也没法把鸡赶进去。你先停下来观察观察，然后再想办法。”

晓娟一听有道理，通过观察，她很快找到了方法。鸡群中有一只“鸡王”，它走到哪儿，其他的鸡就会跟到哪儿。那么，只要能将

“鸡王”赶进鸡圈，其他的鸡就会乖乖地跟进去。

果然，用这个方法，晓娟成功地将所有的鸡都赶进了鸡圈。

这时，仇美云对女儿说：“做什么都不能用蛮力，得动脑筋、想办法。在训练中也一样，得学会用巧劲儿，这样才能做到事半功倍。”

妈妈的话给了晓娟很大启发，从那以后，她在训练中也时刻琢磨、不断思考怎么样才能更好地提升自己，成绩也突飞猛进，很快获得了第十四届青少年击剑比赛女子重剑项目的冠军。

作为一个普普通通的农村妇女，仇美云以自己的实践告诉我们：

只要我们愿意并且用心，每个妈妈都可以找到好的方法。越去找方法，就会越有方法。

这就是找方法最核心的规律。

不命令不压制，让孩子乖乖“听话”的绝招

苦口婆心，但孩子就是听不进去，而命令、压制又会令孩子更加抵触。这时候该怎么办？

其实，想让孩子乖乖“听话”，也有方法。

1. 最好的教育，其实是让孩子自我教育

很多妈妈面对“不争气”的孩子，往往恨铁不成钢，于是批评、讲大道理、树榜样……能想到的方法都用上了，但效果却并不明显，甚至会引起孩子的抵触情绪。

其实，有时候我们教育孩子，说得再多，道理讲得再好，都不如让孩子自我教育。

对于这一点，本书作者之一吴甘霖就深有体会。

弟弟高考落榜后，有段时间很颓废，一直待在家里，什么事情都不想做。父亲觉得这样不行，于是有一天，父亲对弟弟说：

“这么多年来，一直由我当家，现在我年纪大了，想歇一歇了，

希望你能接过我肩上的担子，从下个月开始，由你来当家。”

弟弟一听，父亲居然就这样把这么重要的任务交给自己，自豪感油然而生，于是高高兴兴地答应了。接过父亲交给自己的一个月的花销时，弟弟还自信满满，觉得只要有钱，当家还不简单。

刚开始几天，因为手里有钱，日子还好过，但越到后面就越难：花出去的钱多，挣回来的钱却很少。

最后，弟弟实在扛不住了，只好羞愧地对父亲说：

“这个家还是您来当吧，我现在才知道您太不容易了。当家难，赚钱更难。”

父亲这才语重心长地对弟弟说：

“现在你知道了，家里的每一分钱都来之不易，你已经长大了，是不是该懂得为自己努力、为家里操心了呢？”

父亲的话深深触动了弟弟的心，从那以后，他好像变了一个人，开始奋发努力，考上了中国传媒大学的函授班，之后先是自己做生意，后来又当上了村委会主任，为老百姓做了不少实事。

春节回家，弟弟与大家交流时感慨地说：

“我从当时要父母为我处处操心，到后来我不要父母操心，再到现在我要为村里的几千人操心，爸爸当初那一招太厉害了——他不是高高在上地教育我，而是让我自己教育自己啊！”

是的，最好的教育，其实是自我教育。如果能够让孩子自己有所触动和感悟，进而激发起自我改进的欲望，那么效果往往要比我们去灌输、去说教要好得多。

2. 多一点“契约式”，少一点“命令式”

英国著名教育家斯宾塞曾这样说过：“要少下命令，命令只有在其他方式不适用或不管用时才用。要像一个善良的立法者一样，不会因为压迫人而高兴，而因为用不着压迫而高兴。”

要让孩子能够听得进去，我们不妨将“命令式”改为“契约式”。关于什么是“命令式”，什么是“契约式”，我们不妨先来看一个例子。

五岁的儿子每次玩完玩具后，都扔得满地都是。尽管父亲每次都大声命令他“赶紧把玩具收好”，但他却根本听不进去。

很显然，这样“命令式”的语言并没有起到作用。面对这种情况，如果改成“契约式”，又会有什么样的结果呢？

妈妈告诉儿子：

“玩完玩具后，你应该把玩具放回到玩具筐里。只有每次你都把玩具收拾好，下次你才可以继续玩这些玩具。否则对于那些没有放回到玩具筐的玩具，我们会认为是你不要的，我们会收集起来，送给其他需要这些玩具的孩子。”

儿子可能刚开始并不在意，但当妈妈真的把那些没有放回玩具筐的玩具送人之后，儿子就会意识到妈妈是认真的，如果想保住自己心爱的玩具，就必须遵守约定，将玩完的玩具送回玩具筐。

这就是典型的“契约式”。所谓“契约”，也就是约法三章。

要想让这一方法达到最好的效果，关键是把握好以下三点：

第一，约定要简单、具体，便于孩子操作。

如“每周搞一次卫生，保持房间的整洁”这样的约定就比较含糊，随意性较大。

便于操作的约定应该是这样的：

“每周六下午两点至四点为固定大扫除的时间”，并且要列出几条标准：

“地板拖干净，桌面上不能有灰尘，脏衣服放进洗衣机里，书要整齐地摆在书架上……”

这样一来，孩子该做什么，什么时间去做，就一目了然。

第二，约定要配合相应的奖惩措施。

孩子仅靠自觉往往很难遵守已有的约定，这就需要相应的奖惩措施。

到底是奖励还是惩罚，大致可以参考这样一个原则：培养孩子好习惯的时候，可以多用奖励；而要改掉孩子坏毛病的时候，可以适当多用惩罚。

当然，奖惩有时候也可以并用。这些都要根据孩子的具体情况而定，而且无论奖励还是惩罚，都要是孩子最在乎的东西。

十岁的小美有赖床的习惯，为此妈妈跟她约定：如果她连续一周都能按时起床，就能得到一本她最喜欢的漫画书，额外加十元零用钱。但每赖一次床，就扣掉两天的零用钱，并且周末不能看动画片。

因为小美是个“小财迷”，又特别喜欢看漫画书和动画片，所以自从约定之后，小美几乎再没有赖过床。

第三，双向约定有时效果更好。

约定不能只针对孩子，有时候也可以是妈妈和孩子之间的双向约定。

妈妈可以这样说：

“孩子，你身上有些地方是我希望你改进的，我想妈妈肯定也有些地方是你希望我改进的。不如这样，我们互相给对方提出三条规定，大家都保证遵守，你看怎么样？”

“太好了。我最希望你做到：第一，不要总针对同一件事唠叨；第二，不要我说什么，您都急着否定；第三，不要当着别人的面说我的不是。”

“行，我可以做到。那我也希望你做到三点：第一，只有在周末的时候，才能玩两个小时的电脑游戏；第二，每天必须先做完作业才能出去玩；第三，讨论问题的时候要心平气和，有不同的看法就说出来，不能动不动就把自己关在房间里生闷气。”

约定之后，妈妈要带头遵守，用行动让孩子明白约定是平等的，这样孩子就会更愿意、更主动去执行。

3. 让孩子守规矩的秘诀：笑的嘴唇，铁的牙齿

很多时候，孩子之所以不听话，是因为我们对待孩子的方式方法有问题：要么对待孩子过于宽容，没有父母该有的权威，让孩子觉得不听话也无所谓；

要么对待孩子太过严厉，让孩子产生了逆反心理。

那么，还有没有更好的方式？

有，那就是“笑的嘴唇，铁的牙齿”——表情很和善，不会疾言厉色，但态度很坚决，不会放弃原则。

斯特娜夫人是美国著名的早期教育专家。一天，女儿提出要去同学家玩，斯特娜夫人同意了，但前提是必须在中午十二点半之前回来，女儿答应了。但回来的时候，女儿比约定的时间晚了二十分钟。斯特娜夫人什么都没有说，只是指了指墙上的挂钟，女儿知道自己回来晚了，马上向妈妈道了歉。

吃完午饭，按照以往的惯例，女儿这天都会去看电影。但这时，斯特娜夫人又指了指墙上的钟，对女儿说，时间来不及，今天不能去了。

尽管女儿难过得哭起来，但斯特娜夫人并没有让步，她只是说了三个字：

“真遗憾！”

自始至终，斯特娜夫人没有对女儿说一句严厉的话，但却让孩子明白了一个道理：既然定好了规矩，那么除了遵守，别无选择。

从斯特娜夫人的案例中，我们可以学到如何以“笑的嘴唇，铁的牙齿”这一方式，让孩子学会守规矩。

首先，事先跟孩子约定好应该遵守哪些规矩，并让孩子清楚地知道具体内容和要求。

其次，规矩一旦制定，不管出现什么情况，我们都应该坚决遵守。

最后，如果孩子违反了约定，我们不一定疾言厉色地指责，也不一定要反复强调和解释，只要像斯特娜夫人一样，用最简单的方式提醒孩子遵守就可以，这样，反而能够让孩子印象更加深刻。

不急不躁，让好效果水到渠成的绝招

孩子一旦出现问题，很多妈妈的第一反应是着急、生气和焦虑。这样的反应尽管可以理解，但不少时候却解决不了问题，还有可能会让事情变得更糟糕。

这时候，我们不妨先问问自己：

“孩子的问题真的有那么严重吗？”

“除了生气，我还有没有更好的处理方式？”

往往当我们平静下来，就会找到解决问题的途径，好效果也就会水到渠成。

1. 不急于生气，心平气和反而更能解决问题

孩子不会无缘无故出现问题。作为妈妈，我们不要只看表面现象，更不要如柴火般一点就着。与其盲目地生气，指责孩子，妈妈们不妨先平静下来，了解孩子出现问题的真正原因。

湖南省长沙市南雅中学十七岁的高三学生熊文涛曾以美国高考

满分的成绩考取了全美最好的文理学院之一——威廉姆斯学院，并获得近二十万美元的全额奖学金，从威廉姆斯学院毕业后，熊文涛又攻读了哈佛大学经济学博士学位。

让人想不到的是，这位美国高考状元，曾经也是让父母头痛的“网瘾少年”。

刚上初中时，熊文涛学习很努力，成绩一直名列前茅。但从初三下学期开始，学校周围出现了很多网吧，很多同学都迷上了玩游戏，熊文涛也没能抵挡住诱惑，跟着同学频繁地出入网吧，很快就迷上了游戏，甚至旷课去玩，学习成绩因此一落千丈。

直到班主任找上门，熊文涛的父母才知道儿子出现了这样的状况。班主任说，照这样发展下去，别说考省重点高中，熊文涛可能连普通高中都考不上。

熊文涛的父亲一听，气不打一处来，立即将儿子从网吧揪回来，不由分说一顿暴打。这反而激起了熊文涛的逆反心理，他开始更加频繁地出入网吧，父子俩的关系也一度到了水火不相容的地步。

熊文涛的母亲王丽华见丈夫的方法行不通，反而让事情变得更糟糕了，于是她开始琢磨儿子的心理，想找到儿子沉迷于游戏的原因。

为此她特意找了一个时间，心平气和地跟儿子谈了一次心。她这才知道，儿子看到班上一些成绩不如他的同学，玩起网络游戏来却比他厉害，这激发了他从小就不服输的好胜心，因此下决心要在玩网络游戏上也超过那些同学。

儿子沉迷于网络游戏的原因找到了，但王丽华并没有责怪他，而是对他说，不管做什么，哪怕玩游戏也要玩得认真、玩出水平，这样的态度并没有错，但马上就要中考了，如果因为玩游戏而导致中考失利，那可比游戏玩不过同学更丢面子，是真正的得不偿失。

接着，王丽华又跟儿子商量，先放下游戏，一心一意准备中考。考完后，给儿子两百元钱让他在暑假里尽情玩游戏，这样学习和游戏都不耽误。说完，王丽华特意拿出两百元，让熊文涛先存起来。

熊文涛接受了妈妈的建议，开始专心准备中考。但由于成绩落后了一段时间，在参加湖南省重点中学——长沙雅礼中学的初次招生考试时，熊文涛意外落榜，这让他彻底醒悟过来，不仅将两百元退还给了妈妈，还为自己曾经沉迷于网络游戏、浪费了学习的大好时光而后悔不已。

熊文涛从此将全部精力转移到学习上来，再没有因为学习的事情让父母操过心，并以优异的成绩考上了美国著名大学。

表面上看，沉迷于网络游戏而导致成绩大幅度下降，的确是很严重的问题，但追究更深层次的原因，却是由于孩子的好胜心而引起的。如果不找到症结所在，只是简单粗暴地对待孩子，那么就会出现“越骂越抵触，越打越反抗”的局面。

因此，当孩子出现问题时，我们的第一反应不应该是生气，而是应该静下心来探究“孩子为什么会出现这样的问题”“孩子这么做有没有合理性”“如何在肯定孩子合理性的基础上，引导孩子回到正确的轨道上去”，这才是解决问题的根本。

2. 不急于教育，让孩子自己觉悟更好

有时候，即使发现了孩子的问题，也不一定要急于教育，尤其是当孩子已经意识到自己做错了的时候，不妨给孩子一个“台阶”，让孩子自己去觉悟。

台湾著名作家三毛在一篇《胆小鬼》的文章里，写了自己童年“偷钱”的一次经历——当然不是在外面，而是在家里。

当时三毛已经上小学三年级了，但从来没有自己的零花钱。那时小学生流行收集橡皮筋和《红楼梦》的人物卡片，还有包彩色糖果用的玻璃纸。这些商店里都有，但因为没有钱，三毛只能用写完的练习本去换，每个练习本可以换一粒糖果。

一个星期天，三毛偶然走进母亲的睡房，发现柜子上放着五元钱。五元钱，意味着许多彩色的橡皮筋和《红楼梦》的人物卡片，以及可以贴满一个大玻璃窗的糖纸，也意味着不用那么辛苦写完练习本了。这个诱惑实在太大了，于是，三毛忍不住将手伸向了那五元钱。

然而钱虽然放到了口袋里，滋味却不好受。三毛不敢回房，不敢去买东西，也不敢跟任何人说话。当吃饭时听到母亲说起五元钱不见了，三毛的脸立刻就红了。

钱没有别的地方可藏，只能放在长裤的口袋里。午睡的时候，母亲让她脱掉长裤，她却死活不肯，只是涨红着脸说头痛。母亲以为她真的发烧了，于是拿来了温度计。

整个下午，三毛都在惴惴不安中度过。到了晚上，母亲带着三毛去看医生，母亲描述的病况是：一天都脸红、烦躁，不肯讲话，吃不下东西，魂不守舍，可能是感冒了。但医生说看不出有什么病，只交代让三毛早些睡觉，好好休息。

好不容易等到晚上其他兄弟姐妹都上床了，三毛趁着母亲在浴室、父亲在客厅的机会，飞快地跑进母亲的睡房，将卷成一团的五元钱迅速丢进柜子和墙壁的夹缝里，这才长长地松了口气，安心地上了床。

第二天早上去上学前，三毛忍不住走进母亲的睡房，然后假装不经意地告诉母亲，钱掉到夹缝里去了。母亲听了，走过去捡起了钱，然后淡淡地说了句：“大概是风吹的吧！找到了就好。”这时，父亲的眼光轻轻掠了她一眼，尽管什么都没说，但三毛的脸立刻又红了。

这是三毛小时候唯一一次“偷钱”的经历。而从那以后，三毛的父母开始管理他们的零用钱，每月给每个小孩一元钱，用完了可以商量预支下个月的钱，但不能超过两个月。

就在这件事情发生后的几天，父亲突然送给了三毛一盒外国进口的糖果。三毛马上将糖果剥出来放在一边，将糖纸泡在水里洗干净，然后一张张贴到玻璃窗上。那个下午，三毛就在数糖纸的幸福中度过。

三毛的父母都很有智慧，他们其实知道是三毛拿了那五元钱，但谁都没有说破。因为从三毛的表现中，他们知道就算不教育女儿，女儿也已经认识到了错误。既然如此，还不如装着什么都不知道，给女儿一个“台阶”，不伤害她的自尊心。

不仅如此，针对这件事，三毛的父母还进行了反思，对自己做得不够的地方进行了改正，包括开始每个月给孩子一定的零花钱、特意给三毛送糖果等。

这样的做法，是不是值得我们一些容易着急、生气的妈妈借鉴呢？

3. 不急于“结果”，“慢养”也是一种智慧

“每个孩子都是一朵花，只是一年四季开放的时间不同。当人家的花在春天开放时，你不要急，也许你家的花是在夏天开；如果到了秋天还没有开，你也不要着急踩他两脚，说不定你家的这棵是蜡梅，开得会更动人。”

这是台湾成功学家黑幼龙先生“慢养”孩子的家教心得。

所谓“慢养”，并不是时间上的慢，而是指教育孩子不要太着急、太担忧，也不要追求一时的速度和效率，不以孩子一时的表现去评判孩子，而是尊重每个孩子的差异。

黑幼龙先生的二儿子黑立国从小就特别叛逆，学习上考过零分，还曾经

因为好奇而在超市偷过一副手套，被当场抓住。

但即使这样，黑幼龙先生也从不认为儿子是个坏孩子。在他看来，儿子学习差，是因为暂时没有找到学习的动力和兴趣；而偷手套的行为，也并不是有意为之，只是出于好奇和满足叛逆的心理（当然，经过黑幼龙先生的引导，类似的事情再没有发生过）。

高二那年，黑立国加入了学校的摔跤队，由于他的成绩比其他队员的成绩好，因此得到了教练的赏识。这让黑立国突然意识到，原来成绩好还能够赢得尊重。于是他开始发奋读书，成绩也飞速提升，不仅考上了大学，毕业后在事业上也颇有成就：三十岁那年，黑立国就当上了华盛顿大学医院的副院长。

一个原本看起来没有任何希望的孩子，最终却成了业界精英。假如当初黑幼龙先生因为儿子成绩差就放弃他，或者因为他偷手套就给他贴上"坏孩子"的标签，那么黑立国就不可能发生后来的变化。

每个孩子都有自己独特的个性和天赋，我们不能期望所有的孩子都按照一个模式成长。孩子不同，开花结果的速度也会有所不同，有的快，有的慢，因此我们不能急于求成，而要让孩子按照适合自己的方式去成长，让孩子实现更好的自我。

四　不复杂不烦琐，绝对管用的绝招

一旦我们掌握了找方法的技巧和规律，就会发现，真正的好方法往往既简单又管用，既不复杂也不烦琐。

1. 方法可以很生动，别那么死板

方法的奇妙之处在于，可以千变万化，也可以活泼生动、充满乐趣。

著名演员闫妮因为忙于拍戏，在女儿小的时候，有时候实在抽不出时间陪孩子，她就会想各种办法让女儿知道，尽管妈妈不在身边，但却无时无刻不在挂念着她。

有一次，女儿快过生日了，女儿很希望生日那天妈妈能陪她去动物园。但闫妮当天有拍摄任务，没有时间带女儿去动物园。女儿有些不高兴，忍不住抱怨说，妈妈就像小蜜蜂，整天在外面转，也不喜欢回家。

女儿的话让闫妮忍不住笑了，她对女儿说，小蜜蜂整天在外面，不是为了玩，而是要给蜂宝宝采蜜。

在女儿生日的前两天，在外地拍戏的闫妮特意买了张漂亮的贺卡，写上：

“蜂宝宝，妈妈在外面采蜜不能回家，希望蜂宝宝没有妈妈的陪伴，也一样能够开心快乐。”

没想到女儿非常喜欢这张贺卡，等闫妮一个多月后拍完戏回到家，发现抽屉里多了一张女儿亲手制作的贺卡，上面用稚嫩的笔迹写着：

“蜂妈妈，不用担心，小蜜蜂在家不怕孤单！”

这让闫妮既高兴又感动，她也因此找到了一种和女儿沟通的更好方式：寄贺卡。从那以后，闫妮每次到外地拍戏，都会给女儿寄贺卡，并用心写上几句最想对女儿说的话。而女儿收到贺卡后，也会将自己制作的回赠贺卡放在妈妈梳妆台的抽屉里。

一张小小的贺卡，也可以成为母女间交流感情的重要纽带。的确，方法并没有一定之规，可以很随意，很生动，而且，只有孩子喜欢的方法，才是最好的方法。

2. 方法可以“就近”想到，没有那么麻烦

找方法其实并不麻烦，而是可以随时随地、“就近”想到，因为问题在当下，解决问题的方法也在当下。

撒贝宁是中央电视台著名主持人。小的时候，一次，父亲带他去看少年合唱团的演出。看着台上和自己年纪差不多的小演员们胸前都戴着大红花，撒贝宁非常羡慕，心里觉得痒痒的。

父亲看出了他的心思，于是问他愿不愿意去学习唱歌。撒贝宁想都没想就答应了。

但最初的新鲜劲儿过去之后，撒贝宁很快就厌倦了，不愿意再去上课。

父亲什么都没说，而是找了个机会，把撒贝宁带到了自己拍戏的现场。

当时有一个镜头，拍的是一个女八路骑马追汉奸。那天天气炎热，将近四十摄氏度。这个镜头一共拍了八遍。尽管当时有人又累又热，当场晕了过去，被架出去抢救，但拍摄却始终没有停下来。

撒贝宁被眼前的一幕深深地震撼了，他没想到表面上看起来风光无限的演员，实际上却要付出那么多的艰辛。看来不管做什么事情，不吃苦、不认真还真不行。

在回去的路上，撒贝宁主动向父亲提出，自己明天就到合唱团去，并表示这次一定会坚持下去。

当撒贝宁打退堂鼓、不想再去合唱团的时候，父亲并没有跟他讲大道理，也没有逼迫他一定要去，而是想办法利用各种条件，创造机会，让撒贝宁自己去感受认真和坚持的意义。

其实，只要多想，多思考，这样的方法我们也能想到，这样的机会我们也能够创造。

3. 方法可以创造，管用就是好招

问题不同、对象不同、具体情况不同，方法就要有所不同。

方法不一定非得从书本上学，也不一定非要向别人请教，更不能生搬硬套，因为在别人那里适用的方法，到了你这里并不一定也适用。我们总结那么多找方法的途径和规律，目的也只是给妈妈们以启迪，为妈妈们提供一种找方法的思路。

最好的方法，需要根据具体情况自己去创造，不拘泥于形式，管用就是好招。

老卡尔·威特是十九世纪德国著名的早期教育专家，在他的悉心培养下，他的儿子小卡尔·威特八岁时就掌握了六国语言，九岁时考入莱比锡大学，十岁时考入哥廷根大学，十三岁时出版了《三角术》一书，十四岁时被授予哲学博士学位，十六岁时获得法学博士学位，并被任命为柏林大学的法学教授。不仅如此，小卡尔在文学上也有很高的成就，二十三岁时出版了《但丁的误解》一书，轰动但丁研究学界，成为该领域的权威专家。

一方面小卡尔的父亲在开发儿子的早期智力上，起到了关键作用，另一方面小卡尔的母亲在培养小卡尔人格全面发展方面，采用的方法也非常不错。

比如，母亲经常会跟小卡尔玩角色互换的游戏：让小卡尔当妈妈，自己当孩子。小卡尔会给她下各种命令，而她则会故意错误百出，如果小卡尔没有看出错误并及时指出，就会失去当“妈妈”的资格。

但小卡尔几乎每次都能看出妈妈做得不对的地方，并给她提建议。有时她会故意不买账，那么小卡尔就会想办法来说服和“教育”她。

有时候，在角色互换中，小卡尔会成为老师，妈妈则会成为学生。“学生”常常会故意刁难“老师”，而“老师”也总会找到解决的办法。

这些角色互换游戏，不仅锻炼了小卡尔的责任感，也让小卡尔体会到别人的不容易，更懂得如何在人际交往中学会换位思考，建立起和谐的人际关系，同时也让母子关系变得更加融洽。

方法的最大魅力之一，在于人人都可以创造，随时随地都可以创造，每个妈妈都可以运用它，将自己从吃力不讨好的困境中解放出来，达到事半功倍的效果。

第三章　如何从缺乏方法到方法越来越多

本章提要

要走出教育孩子缺少方法的困境，可学习“找方法的方法”——

掌握人性的法则，掌握孩子的成长心理学，尤其是愿去探索、总结和学习，你就能实现从缺少方法到方法越来越多的超越。

没有谁生来就懂得那么多方法，只要你肯采取上述方式去掌握科学有效的育儿规律，你也能成为一个很有方法的人。

一　越懂人性的法则，越有方法

柏林禅寺的明影法师有句名言：

“人生有两大问题必须弄清楚：第一，生命是什么？第二，人性是什么？”

只要是人，即使是孩子，也会依据人性的法则行事。比如，只有满足自己的兴趣、爱好和需求时，孩子才会对自己所做的事情产生很大的热情和动力。

掌握这些人性的法则，妈妈们会更容易引导孩子。

1. 让人性大师的“关联法”帮你“牵牛”

戴尔·卡内基是美国著名的人际关系学大师，被誉为二十世纪伟大的心灵导师和最懂得人性的成功学大师。

在他的代表作《人性的弱点》一书中，讲了这样一个非常有意思的故事。

一次，爱默生和他的儿子要让一头小牛进入牛棚。他们一个推，一个拉……而小牛呢，和他们一样执着，不管爱默生父子怎么使劲，就是不肯离开那片草地。

站在一旁的爱尔兰女佣看到这个情景，她虽然不懂得写书做文章，却懂得牲口的习性，于是她将拇指放进小牛的嘴里，一边让小牛吮吸着她的拇指，一边温和地将小牛引进了牛棚。

对此，卡内基得出了一个让别人能够听你引导或指挥的人性原则，即：**“他需要的是什么？我如何将我所需要的，和他所需要的结合起来？”**

为了更好地说明这个原则，他举了训练班中一位年轻的爸爸将这一法则运用到教育孩子中的成功案例。

这位爸爸有一个儿子，因为不肯好好吃饭，体重很轻。以前，孩子的母亲总是要求他吃这个吃那个，而他这个当父亲的，则总是教育孩子，如果不好好吃饭，就不能快快长大。

但孩子对这些话却置若罔闻，事实上，要求一个三岁的孩子对三十岁父母的见解有所反应是不合情理的。这位父亲觉察到了这一点，于是他问自己：“孩子的需要是什么？我如何将我所需要的，和他所需要的结合起来？”

他想到这一点时，也就找到了解决问题的方法。孩子有一辆三轮脚踏车，他很喜欢骑，但每次都被邻居家一个很坏的大孩子推下去，然后那个大孩子骑上它。

每当这时候，孩子只能回家向母亲哭诉，直到母亲出面，才能让孩子骑上去。孩子为此也很生气，觉得自尊心受到了伤害。

因此父亲告诉他，只要他好好吃饭，他就能快快长大，这样将来那个大孩子就再也不敢欺负他了。

后来，不管是菠菜、白菜、咸鱼还是任何其他食物，孩子都爱吃了。

“孩子的需要是什么？我如何将我所需要的，和他所需要的结合起来？”

我们想清楚了其中的关联，往往就能轻易将小牛赶进牛棚——找到解决问题的方法。

著名的房地产商潘石屹在教育孩子的过程中，就曾经很好地运用过这一法则。

一天，四岁的儿子趁大家不注意，悄悄溜进了潘石屹的书房，将书桌上一幅即将开工的小区草图，用颜料笔涂上了各种颜色。

妻子张欣担心潘石屹责怪孩子，赶紧为儿子开脱。但潘石屹不仅没有生气，反而很高兴，因为他突然找到了让孩子改掉一些坏毛病，比如做什么事情都要求有礼物，否则就哭闹的方法。

潘石屹当时就找来一张白纸，先画了一张床，然后又画了一个躺在床上的孩子，在床的上方，还画了七个蓝色的大圆圈。

潘石屹告诉儿子，画里的床就是你房间里的那张，七个大圆圈代表一周七天，如果你从今天晚上开始自己单独睡觉，每天就可以在一个蓝色的圆圈中涂上自己喜欢的颜色。

没想到一直不肯自己单独睡觉的儿子，因为这张图画，当天晚上就睡到了自己的房间，并且第二天起床后的第一件事，就是在圆圈中涂上自己最喜欢的颜色。

从那以后，潘石屹又给儿子画了很多图画，比如一个冰激凌和几把勺子。如果儿子完成了父母要求的事情，就可以将其中的一把勺子涂成自己喜欢的颜色，当所有的勺子都涂满颜色之后，他就能获得奖励：一个美味的冰激凌。

或者，潘石屹会在纸上画一些空的小笼子，如果儿子听话，就可以在笼子里贴上动物的贴纸，当贴纸贴满之后，就会带他去一趟真正的动物园。

让孩子在图画中涂上自己喜欢的颜色，贴上自己喜欢的贴纸，这样的做法既满足了孩子的需要，又解决了让父母头痛的问题，在无形中约束了孩子的行为，帮助孩子养成好习惯，改掉坏毛病。

2. 要善于激发人性中好的一面

根据人性的法则，即使是看起来很平凡，甚至很差劲的孩子，内心深处都有向上、向善的一面。因此，即使孩子暂时做得不太好，也不要急于指责，而要学会激发孩子好的一面。

张炳慧是已故韩国前总理张泽相的第三个女儿，是美国匹兹堡大学历史学硕士、乔治敦大学历史学博士、夏威夷大学教授，在美国创办了英、韩双语教育。

十九岁那年，张炳慧离开韩国去美国读书。在留学期间，她爱上了一个有三个孩子的男人，并毅然选择嫁给他。

一下子要照顾和教育三个孩子，难度可想而知。第一次吃饭，孩子们就给她来了个下马威：她刚把餐具放在桌子上转身离开，就听到了盘子碎裂的声音，原来是大女儿爱丽丝和儿子彼得将盘子摔到了地上。

张炳慧没有生气，而是将孩子们叫到身边，问他们，你们觉得自己可怜吗？三个孩子沉默了一下，然后点点头。

她接着问，你们觉得爸爸可怜吗？

爱丽丝小声回答说：“妈妈那么早去世了，爸爸也很可怜。”

她又问，那我呢？孩子们想了想，含着泪点了点头，说我们全家都是可怜的人。

张炳慧于是拉着孩子们的手，和他们一起哭了起来，然后很诚恳地对孩子们说，既然大家都是可怜的人，在一起就更要珍惜，共同努力变成幸福的人。

由于孩子们从小缺乏父母的引导和照顾，并不理解家庭的含义，彼此之间也不太懂得相互关爱，为此，张炳慧决定从点点滴滴开始，教孩子们学会互相帮助和关照。

张炳慧要求孩子们轮流打扫卫生。有一天，爱丽丝生病了，于是她将平时爱和姐姐吵架的彼得叫来，问他是否愿意替姐姐打扫卫生。

当彼得正在犹豫的时候，她就大声宣布，彼得愿意替爱丽丝打扫卫生。爱丽丝很感动，第一次跟弟弟说了谢谢。而彼得也很开心，非常认真地替爱丽丝打扫了卫生。

通过这些小事，张炳慧让孩子们渐渐懂得，能够相互关心、相互帮助，是一件非常幸福而快乐的事情。

在张炳慧的精心培养下，三个孩子都非常出色。大女儿爱丽丝毕业于哈佛大学法学院。儿子彼得先考入耶鲁大学，后来又以第一名的成绩从哈佛商学院毕业。小女儿南希则在十六岁那年考入了耶鲁大学，成为那一年耶鲁大学录取的年龄最小的学生。

没有哪个孩子真正愿意成为“坏孩子”或“差劲的孩子”。很多时候，孩子表现得不那么好，这并不是孩子的本意，只是没有人告诉他正确的做法而已。

一旦得到正确的引导，孩子内心积极、光明的一面得到激发，很快就会有大的提升和转变，甚至变得非常出色。

3. 要让孩子当强者，妈妈不妨当“弱者”

在戴尔·卡内基看来，人性是充满辩证的，每个人都有被尊重的渴望。但如果你只是要求别人尊重你，甚至采取强压的方式，那么不仅得不到尊重，还有可能引起别人的反感和抵触。

而如果我们先去满足他人受尊重的愿望，反倒容易得到认可和接纳。

有时，我们不妨放下家长的架子“示示弱”，让孩子当当“老师”，从妈妈那里获得尊重和自豪感。这样不仅有利于改善和孩子之间的关系，而且能够增强孩子的自信心，让孩子成为生活中的强者。我们来看看著名教育专家、“知心姐姐”卢勤是怎么做的。

卢勤五十岁生日那天，儿子送给她一件很特别的生日礼物。儿子亲手将家里的电脑升级，装入了语音录入软件。然后，儿子请妈妈坐在电脑前，告诉妈妈他这次送的礼物就是教她学习语音录入。

卢勤一听，立刻乖乖地坐在电脑前，像小学生一样，跟着儿子开始学习。

在学习过程中，儿子像老师一样，不停地提示她：

“妈妈！专心点儿，别走神！”

“妈妈，别紧张，自然点儿，就像您平时说话一样……”

录音结束后，儿子调出来一听，很认真地说：“妈妈！不行，您感冒了，鼻音太重，您需要重新来……”

面对电脑，“知心姐姐”成了小学生，儿子则成了一位严格而耐心的老师。

传统的家庭教育都是父母教育孩子，强调孩子应该向爸爸妈妈学习。如果让父母向孩子学习，则会被认为是很可笑的事。

但是，如今的社会已经完全不同于以前，新生事物层出不穷。很多时候，父母不再是知识的权威，在一定程度上，父母和孩子是平等的，甚至孩子凭借思想灵活、反应快等优势，在接受新事物上更胜一筹。

假如我们能够虚心向孩子学习和请教，反过来，孩子也会更加乐于倾听我们的建议，形成更加良好的互动。

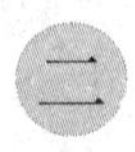

越懂孩子的成长心理学，越有方法

教育孩子的方法不是一成不变的，而要根据孩子的成长不断调整和变化。比如一个三岁的孩子犯错时，我们可以用罚站的方式来帮助他改掉坏毛病，养成好习惯，但对于一个十三岁的孩子来说，这样的方法显然就不合适了。

因此，要成为一个有方法、善于用方法的妈妈，我们首先要懂得孩子的成长心理学，根据孩子的成长阶段以及心理特点找到合适的方法。

1. 懂得孩子的需求，才能用他喜爱的方式和他打成一片

很多时候，我们的方法之所以不管用，是因为我们没有真正了解孩子的需求。如果我们能够用孩子容易理解的方式和孩子喜欢的语言去引导，那么孩子就能听得进去，并最终落实到行为的改变上来。

比如，很多妈妈都遇到过孩子挑食的情况，对此，一些妈妈的做法是要么给孩子讲大道理，要么干脆随孩子去。

我们来看看著名节目主持人李静是怎么做的。

女儿小的时候，有一次，李静做了一盘炒空心菜，但女儿就是

挑食不肯吃。

于是李静灵机一动，吃一口空心菜，就学着童话故事中小绵羊的样子咩地叫一声。女儿觉得很好玩，于是就学妈妈的样子吃起了空心菜。不一会儿，女儿碗里的空心菜就都吃完了。

在李静看来，女儿还小，跟她讲营养的大道理她既听不懂也不感兴趣，而运用童话故事中的形象，反而很容易让女儿接受。

不仅如此，为了培养女儿的责任感，李静还经常跟女儿玩“角色互换”的游戏，让女儿扮演“妈妈”，自己则扮演“女儿”。比如中秋节到了，李静就会跟女儿“撒娇”说想吃她自己做的月饼，而女儿觉得满足妈妈的要求是一件很有成就感的事，因此非常乐意自己动手。

对于年龄小的孩子，我们不要急于给孩子灌输大道理，我们不妨像李静一样，用简单易懂、形象甚至是游戏的方式，让孩子在潜移默化中改变。

而对于大一些，尤其是青春期的孩子，我们的方式又要有所不同。这个时期的孩子，既有很强的独立意识，也有很强的自尊心。

我们和孩子相处的模式，要在“尊重”和“平等”的前提下进行，而不应因为要体现家长的权威而处处对孩子进行压制。

著名教育专家孙云晓曾经讲过这样一件事：

一天，上高一的女儿穿着校服去上学，放学却穿了一条肥大的背带裤回来。妻子一看，立刻皱着眉头对女儿说：“真难看！从哪儿来的？”

女儿一听很不高兴，一言不发地站在门口，用挑衅的眼神看着他们。眼看一场激烈的争论就要爆发，孙云晓马上笑着对女儿说，女孩子穿背带裤挺精神的，只是有点肥，改改就好了。

女儿听了，脸色缓和了下来，吃晚饭的时候像往常一样有说有笑。

事后，妻子对孙云晓的做法颇为不满，但孙云晓说，一个十六岁的女孩子，用自己的零花钱买了件衣服，总比缠着父母给她买要好。更何况，两代人的审美眼光不一样，没有谁对谁错。即使要提高，也要有个过程，没必要相互苛求和指责。

妻子听了，觉得有道理。慢慢地，家里形成了凡事都和孩子坐下来商量的氛围，基本也没有什么解决不了的问题。

英国著名剧作家莎士比亚曾经说过：

“青春的特征乃是动不动就要背叛自己，即使身旁没有诱惑的力量。”

当我们了解了青春期孩子的特征，就不会因为孩子一些所谓的“怪异行为”而大惊小怪，甚至爆发激烈的冲突，而会以平和的心态陪伴孩子度过青春期。

处理青春期孩子的问题，总结起来，最核心的是要把握三点：

第一，了解。先不要发火、生气，而是耐心地询问孩子“你为什么有这样的想法”“你为什么想到要这么做”。

第二，认同和尊重。也就是不要轻易地否定孩子的想法和做法。

比如，对于穿着肥大背带裤回家的女儿，孙云晓首先给予了肯定：“女孩子穿背带裤挺精神的。”

第三，用合适的方法提出建议。

其实很多时候，孩子的做法并没有真正的对错，就像孙云晓说的那样，我们可能觉得肥大的背带裤不美，但孩子却觉得好看，这只是两代人的审美观念不同而已，并没有谁对谁错。

心态放平了，很多问题其实就不是问题。而即使觉得孩子真的有做得不妥的地方，我们也不要将自己的意志强加给孩子，而是要用合适的方法提出建议，语言要将“命令式”改为“商量式”。

比如，“不许玩游戏”“明天去把头发理了”，这就是典型的“命令式”。

而“商量式”则是：“你也知道不能每天玩游戏，不过如果你这一周都能按时完成作业，那么周末就可以玩两小时。”

“我像你这么大的时候，也不愿意去剪头发，不过学校的规定总不能违反是不是？这样吧，再留一星期，下周末我们去剪头发怎么样？”

毫无疑问，“商量式”的语言，更容易让孩子接受。

2. 懂得孩子的恐惧，随时给他抚慰和力量

由于不懂得表达、缺乏经验和处理问题的能力欠缺等原因，孩子往往比大人更容易感到恐惧，如果这种恐惧没有得到及时化解和抚慰，往往就会演变成各种问题。

因此，我们要及时读懂孩子内心的恐惧，让孩子安心。

有时候，孩子一些过激的反应和行为，往往是因恐惧引起的，这就需要我们能够透过表面，看懂孩子隐藏在内心的不安情绪。

比如，妈妈给六岁的哥哥买了一个礼物，却没有给四岁的弟弟买，弟弟非常生气，大哭大闹，妈妈因此训斥了他。

表面上看，弟弟在乎的是一个礼物，而实际上，弟弟真正担心和害怕的，是妈妈只爱哥哥不爱自己。这时妈妈正确的做法，是让弟弟感觉到你一如既往的爱。

这时候，妈妈可以蹲下来，告诉弟弟：“你是不是觉得妈妈给哥哥买了礼物没给你买，妈妈就不爱你了？其实妈妈只给哥哥买，是因为哥哥现在需要而你暂时还用不上。记住，无论什么时候，妈妈都永远爱你！”

然后，再给弟弟一个深情的拥抱。

这样做，和简单地责骂孩子相比，效果会不会大相径庭呢？

如果不懂得及时化解孩子内心的恐惧，往往会引起很多问题。

中央电视台一个心理访谈栏目曾经播过这样一期节目：

一个本来学习很好、很听话的孩子，却突然变得和父母水火不相容。焦虑的父母没有办法，只好带着孩子走进了演播室，希望专家能够帮助孩子解开心结。

在探讨的过程中，专家找到了孩子变化的根源：

初二的时候，有一次他在网吧玩，回去的路上突然想起自己把自行车忘在了网吧门口，于是就回去取，结果发现钥匙丢了。家离得不太远，于是他想把车子扛回家。

没想到，这个举动却让保安误把他当成了小偷，不分青红皂白地将他打了一顿。

事后尽管保安道了歉，但却给孩子留下了很深的阴影，他做梦也没想到这样的事情会发生在自己的身上。

而妈妈并没有将这件事太放在心上，也没有和孩子做进一步的交流。当时正好是暑假，孩子把自己关在家里整整两个月。开学的时候，学校里开始有风言风语，说他是小偷。

在孩子的要求下，父母给他转了学。可新同学对他很排挤，两次投票都说他是上课说话最多的人。他觉得很委屈，回家向妈妈倾诉，妈妈却骂了他一顿："要是你没说话，人家怎么会冤枉你？"

慢慢地，孩子开始变了，对父母非常冷漠，处处和父母对着干。在接受采访时，他说："当我被当作小偷的时候，我多么希望妈妈能安慰我一下，哪怕说一句'这不是你的错'，我也会好受许多，也不至于变成这样子。"

当孩子被当作小偷、遭遇人生的第一次巨大恐惧时，孩子最需要的是来自妈妈的抚慰和鼓励，但这位妈妈却根本没有当回事，甚至连起码的安慰都没有，当孩子不得不转校、希望重新开始却遭到同学的排挤时，妈妈仍然只是一味地指责。

当妈妈给予的和孩子渴望得到的背道而驰、孩子的心理需求得不到满足时，就会逐渐失去对父母的信任，并通过越来越逆反、越来越难以管教的方式来表达自己内心深处的不满。

所以，我们不要小看孩子的恐惧，尤其当孩子的行为表现得很反常或者孩子遭遇比较大的挫折时，我们一定要及时了解孩子内心的变化，帮孩子化解负面情绪，克服内心恐惧，以免造成不良后果。

3. 懂得孩子的内在矛盾，就会减少冲突

孩子有时是矛盾的，其外在的语言和行为，会表现得和内心的真实想法不一致。

比如，一个原本乖巧的孩子，因为渴望得到母亲更多的陪伴和关爱，往往会变得爱惹事、调皮捣蛋。

孩子出现这样的行为，并不是孩子真的愿意变成“坏孩子”或“问题孩子”，而只是想通过这样的方式来引起母亲更多的关注。这就需要我们透过现象看本质，读懂孩子内心深处没有说出来的想法。

曾四次获得女子国际象棋世界冠军的谢军就曾遇到过类似的问题。

有一年快过春节的时候，谢军单位的事情特别多，不得不经常加班。等她回到家，两岁多的女儿佳颖已经睡觉了。

时间一长，女儿不乐意了，对妈妈的态度有了明显的转变，成了十足的“小刺儿头”。

比如谢军在家的时候，佳颖故意和其他人都很亲热，但就是不理她，甚至让她去上班，说“这是我的家，我不欢迎你”。后来甚至发展到在接妈妈电话时，女儿都会将“我不喜欢妈妈”这句话挂在嘴边。反正是谢军对女儿越亲热，女儿对她的态度就会越“恶劣”。

女儿的变化让谢军既生气又伤心，但当她明白女儿这么做，只

是为了表达对妈妈“冷落”自己的不满时，谢军又理解了女儿。

她决定采取策略，主动创造一个让女儿和自己和解的契机。接下来的几天，谢军在家里假装无视女儿的存在，让紧张的气氛先慢慢缓和。

接着，她下班后开始有意识地往家里带一些新鲜东西，吸引女儿的注意。

这一招果然激起了佳颖的好奇心，她开始主动凑到谢军身边看热闹。谢军看时机成熟了，决定开始“收买”女儿。

周末，只有谢军和女儿两个人在家。午饭的时候，谢军特意订了几个女儿爱吃的菜。女儿看到谢军拎着饭盒进屋的时候，忍不住跑过来问有没有她最爱吃的笋片。谢军故意冷淡地说不知道，让女儿自己去看。女儿这时说，妈妈最喜欢佳颖了，菜里一定有她最爱吃的笋片。

谢军见状，赶紧趁热打铁将女儿搂在怀里，并对自己之前做得不好的地方向女儿道歉，希望女儿能原谅她。女儿听了，紧紧抱住了妈妈。从那以后，“小刺儿头”又变回了乖宝宝。

其实，当孩子说“我不欢迎你”“我不喜欢妈妈”的时候，并不是她真的不爱妈妈、讨厌妈妈，而是希望通过这种“攻击”方式，来表达自己对妈妈的爱和依恋，希望妈妈不要冷落自己，有更多的时间来陪伴自己。

如果不能理解孩子这种反常举动下的真正需求，我们可能就会指责、训斥孩子，不仅解决不了问题，反而会让孩子身上的问题变得更加突出。

我们了解到孩子内心的矛盾之后，就可以采取多种方法，有意识地主动创造和解的机会，化解矛盾。

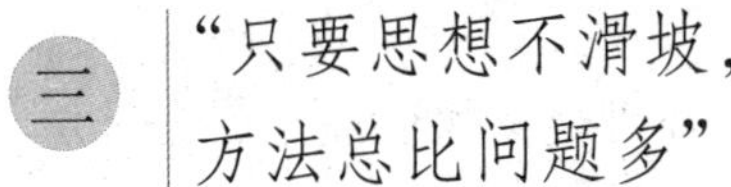

三 “只要思想不滑坡，方法总比问题多”

这句话源自本书作者之一吴甘霖所著的《方法总比问题多》一书，强调的是人只要积极、主动地去找方法，方法就会越来越多。

很多时候，不要害怕孩子出现问题，因为问题恰恰是我们探索方法的机会。只要我们敢于面对问题，愿意学习和钻研，并能够在实践中总结和完善，就会越来越有方法，越来越善于运用方法。

1. 破除“高深”迷信，普通人也能想出绝招

提起“方法”，很多妈妈可能就会发怵，觉得找方法是件很难，甚至很高深的事情。其实这是一个误区，哪怕再普通的妈妈，只要肯动脑筋，照样能找到很好的方法，培养出优秀的孩子。

出生于广东省一个小镇上的刘晓琳，高中毕业后以优异的成绩被英国牛津大学录取，并获得了全额奖学金。

刘晓琳的父亲刘根正是一名工人，母亲王丽是一位普通的家庭妇女。虽然刘根正夫妇都没有太高的学历，但在培养女儿方面，却

很善于动脑筋、想办法。

比如针对如何培养孩子学习兴趣这一问题，刘根正夫妇就很善于引导。

晓琳从三四岁开始，就非常喜欢听妈妈讲故事。每次王丽拿着书给女儿讲故事的时候，晓琳不仅对故事本身表现出浓厚的兴趣，还对蕴藏着那么多美妙故事的书本感到十分好奇。

一天中午，晓琳拿着一本童话书跑到厨房要求王丽讲故事，王丽告诉女儿，自己要做饭，抽不出时间，但如果她能帮忙洗菜的话，吃完饭就可以奖励她一个故事。

晓琳高兴地答应了。尽管因为晓琳年龄小，菜洗得并不干净，还弄得满地都是水，但王丽还是夸奖了女儿，并按照承诺给女儿讲了一个精彩的故事。

慢慢地，晓琳不再满足于妈妈讲故事，她想要自己去探索书本中的精彩世界。于是，王丽告诉女儿，要想读懂故事，就得先认字。妈妈的话，一下子激发了晓琳认字的热情。

王丽想，如果只是简单地教女儿认字，可能她很快就会失去兴趣。那为什么不把认字当成一种奖励呢？于是王丽对女儿提出，如果她表现好，能够完成大人提出的要求，比如收拾玩具、按时起床等，就可以每天奖励她认识故事书里的五个字。如果表现得特别好，那么就可以奖励她认识十个字。

晓琳非常喜欢这个游戏，认起字来劲头十足。当晓琳的识字量到了一定程度的时候，王丽觉得，可以开始教女儿查字典了。于是又将“查字典”作为一种新的奖励。很快，晓琳就掌握了查字典的方法，碰到不认识的字，她就会自己去查字典。

其实，每个孩子小的时候，都会对妈妈讲故事表现出强烈的兴趣，但却很少有妈妈像王丽一样，将孩子的兴趣和学习挂钩，并且把学习当成一种奖励。

这样的做法，不仅培养了孩子学习的兴趣，同时还让孩子在获得“奖励”的过程中，养成了做家务、懂得付出的好习惯，是真正的一举多得。

不仅在学习上，在其他方面，刘根正夫妇也会利用各种机会，给予女儿积极正面的引导。

在晓琳的记忆中，有一件事让她印象特别深刻。小的时候，晓琳特别喜欢玩积木，父亲刘根正觉得玩积木有益于智力开发，因此对于女儿买积木、玩积木的要求从不拒绝。一次，晓琳画了一幅宫殿图，并且想要按“图纸”用积木拼出来。但由于工程太“浩大”，晓琳花了好几个小时也没有完成。

这让晓琳有些泄气，眼看时间不早了，晓琳想要放弃“工程”上床睡觉。一直在旁边留意观察的刘根正看到了，表示自己可以跟女儿一起搭积木。

晓琳一听爸爸愿意伸出援手，立刻又有了精神，开始和爸爸一起搭积木。虽然有了爸爸的帮助，“工程”的进展速度明显加快，但离“完工”还有一定距离。晓琳几次想要放弃，但看爸爸全神贯注的样子，她还是决定和爸爸一起做下去。

由于时间太晚，当天“工程”并没有“完工”。第二天一早，刘根正就把晓琳叫了起来，继续完成搭建工作。忙到快中午，眼看就要完工了，但积木却不够了。刘根正二话没说，骑自行车去商店买了一套新的积木。在父女俩的通力合作下，搭建工作最终完成了。为此，刘根正还特意去借了一部相机，让晓琳和积木合影留念，并买了饮料奖励女儿。

孩子遇到问题有畏难情绪，想要放弃，这样的情况或许每个妈妈都遇到过。但通常我们会怎么做？要么孩子畏难，我们也畏难，为了省事，干脆就放弃；要么心疼孩子，不忍心逼孩子“遭罪”，于是不了了之。其实孩子畏难，正好是教育孩子持之以恒、不轻易放弃的最好机会。他不仅鼓励孩子面对，而且还想办法陪孩子一起面对。因此，当我们抱怨孩子不能吃苦、缺乏恒心的时候，问题往往不在于孩子，而是我们的方法出了问题。

刘根正夫妇是普通得不能再普通的父母，文化水平一般，家庭条件也很一般，但却培养出了一个让很多人羡慕的出色女儿。他们教育孩子的方法，其实并没有多高深，只要用心，我们也都能琢磨出来。

方法说难也难，说容易也容易：不学习、不琢磨自然就难，而时时动脑、处处留心，所有问题都有解决的途径。

2. 破除“不可能”迷信：只有不肯，没有不能

能不能找到方法，说到底，还是一个心态问题。若觉得这也不可能，那也不可能，方法当然不会自己找上门。

其实没有“不能”，只有“不肯”，如果去掉了思维和心理上的惰性，就没有找不到的方法，没有解决不了的问题。

秦怡是著名表演艺术家，虽然在艺术上取得了很高的成就，但在生活中，秦怡却经历了很多磨难。就在秦怡的演艺事业蒸蒸日上时，她十六岁的儿子金捷却患上了精神分裂症。

尽管秦怡想尽办法给儿子治疗，但最终医生给出的结论是金捷的病很难恢复了。在病痛的折磨下，金捷变得喜怒无常，有时在狂躁易怒的情况下，甚至会对母亲施以暴力。

但秦怡始终没有放弃，也从来没有抱怨过儿子，她总在想，怎么才能为儿子打开一扇属于他的门。一天，她带着儿子到公园里玩，儿子告诉她，自己小时候曾在这里画过树。

儿子的话让秦怡心中一动，她似乎一下子找到了打开儿子心门的钥匙。她记得儿子小时候很喜欢画画，但自从生病后，儿子就再也没有碰过画笔。于是她问儿子，还想不想再画这里的树？

儿子毫不犹豫地点了点头。

为了让儿子重新拿起画笔，秦怡专门请了一位画家教儿子画画，自己有空就会陪儿子去公园写生。

让人没想到的是，自从学画之后，金捷有了很大的转变，不仅病情有了明显好转，也开始懂得体谅妈妈，再没对秦怡动过手，而且还学会了很多事情自己去做。

在秦怡的鼓励下，金捷的绘画水平有了很大进步，并渐渐获得认可。一次，在中国特奥世纪行上海慈善晚会上，金捷所画的一幅《衡山公园写生》被著名国际影星阿诺·施瓦辛格用两万五千美元的价格买走。

金捷的案例或许有一定的特殊性，但它也告诉我们一个道理：

每个孩子都有潜质，都有自己与众不同的地方，只要找对了方法，哪怕看起来最不可能有任何成就的孩子，也有成功的可能和希望。

第四章　如何将表扬法用出神奇效果

本章提要

在教育孩子的过程中，表扬是用得最多，也最有效果的方法之一。适度、中肯的表扬和鼓励，会帮助孩子建立良好的自信，获得价值感和成就感。但是，如果表扬方式不得当，反倒会事与愿违。

因此，掌握表扬的艺术，让表扬成为促使孩子行为向积极方向转化的动力，至关重要。

一 让“皮格马利翁效应”帮你教出优秀孩子

1. 哈佛实验与“皮格马利翁效应”

要教育好孩子，就必须重视一些重要的规律。下面这个著名的“哈佛实验”，值得妈妈们格外重视。

一九六〇年，哈佛大学的罗森塔尔博士做了一个著名的实验：

新学期开始时，在他选择的一所加利福尼亚州的学校里，校长对两位老师说，他们是本校最好的老师。为了奖励他们，学校特意挑了一些最聪明、智商比同龄孩子高的学生给他们教，并且格外叮嘱说：不要让孩子和家长知道他们是被特意挑选出来的。

一年之后，实验结果出来了：这两位老师教的两个班级，学生的成绩是全校最优秀的，分数比其他班级高出很多。

这时，校长才告诉两位老师，他们所教的学生并不是智商最高的。不仅如此，他们也不是本校最好的老师，而是随机抽出来的。

为什么原本普通的两位老师，能将两个同样普通的班级，教成了全校第一？这个实验的结果告诉我们，正是学校对老师、老师对学生的良好期待，让老师和学生都产生了很大的改变和完善自我的动力，最终将别人的期待变成了现实。

这个实验结束后，罗森塔尔博士宣布：在教育领域中，本实验验证了“皮格马利翁效应”的存在。

皮格马利翁是希腊神话故事里塞浦路斯的国王，也是一位有名的雕塑家。一次，他用象牙精心雕塑了一位美丽的少女，并深深地爱上了她。虽然这只是雕像，没有真正的生命力，但皮格马利翁还是真诚而热切地看着她。最终爱和美的女神阿佛洛狄忒被他的执着所感动，让雕像活了过来，成了皮格马利翁的妻子。

后来，人们把这种由期望而产生的实际效果叫作“皮格马利翁效应”，也称“期待效应”，指人的行为、观念会受自己喜爱、信任和钦佩的人的影响和暗示。把“皮格马利翁效应”运用到教育孩子当中，是指当孩子获得赞美、肯定和信任时，孩子就会变得积极而自信，并形成一种持续改变自己行为的向上动力，努力达到父母或老师的期望。

2. 不是好孩子需要赏识，而是赏识使孩子变好

我们来看这种积极暗示和表扬，怎么在我们的家庭教育过程中产生效果。

“赏识教育”的首倡者周弘，将失聪的女儿周婷婷培养成留美博士，他曾经说过这样一句话：

“不是好孩子需要赏识，而是赏识使他们变得越来越好；不是坏孩子需要抱怨，而是抱怨使他们变得越来越坏。”

孩子在成长过程中，难免会出现这样那样的问题，有时候甚至出乎我们的意料。比如，当妈妈的都希望自己的孩子成绩好，但孩子偏偏考试得了零分，这时候，我们会怎么办？是生气、惩罚、责怪还是灰心？

将儿子培养成耶鲁大学博士的山东普通教师郑承艾，就曾遇到过这样的问题，我们来看她是怎么处理的。

郑承艾的儿子小龙五岁就上了小学，结果上学还不到一个星期，老师就反映说孩子年龄小、反应慢，连名字都写不好，建议先去上幼儿园。

但郑承艾却有意当着儿子的面对老师说，小龙很有积极性，给他一点时间适应，他会成为优等生的。

没多久，儿子有一天回家后非常伤心失落，原来他数学考试得了零分。郑承艾没有责怪他，而是安慰他说，妈妈小时候也得过零分，老师在试卷上写了个“笨〇”，意思是笨蛋，但妈妈觉得，有蛋就好，因为有蛋就能变成小鸟飞上蓝天。

这给了小龙不少信心，甚至每天吃饭的时候，小龙都念叨着“第一名”。期中考试后，妈妈问他考了第几，小龙说考了第三。郑承艾一听暗自高兴，觉得孩子进步很快，为了给儿子庆祝，还特意做了一桌子菜。

这时，儿子终于忍不住哭了起来，他告诉妈妈，自己其实是考了倒数第三。

面对承认自己说谎的儿子，郑承艾也很生气，但她还是忍着没有批评儿子，她知道这时候最应该保护孩子的自尊心。小龙伤心地说，老师天天表扬班里那些好学生，给他们戴小红花，自己却什么都没有。

儿子的话让郑承艾灵机一动，儿子其实很有上进心，为什么不抓住这一点鼓励他呢？于是她对儿子说，你想要小红花也不难，我们在墙上设个光荣榜，只要你有进步，妈妈就在光荣榜上给你贴小红花。儿子一听，顿时眼睛就亮了。

于是郑承艾按照每月四个星期精心绘制了图表，然后根据小龙的表现在表格内贴小红花，小红花最多的那个星期，她还会特别挂上大红花。

虽然只是个简单的光荣榜，却满足了孩子的荣誉感，孩子的成绩越来越好，后来基本上不用再操心。高考前，小龙因为成绩优异被列入保送行列，但他却决定自己报考北京大学，最终被北京大学物理系录取，后来又考上了耶鲁大学。

在儿子考了零分，后来虽然经过努力但成绩仍然排在倒数的情况下，作为妈妈的郑承艾既没有责骂，也没有嫌弃孩子，而是看到了孩子的上进心，想办法让孩子每天自己跟自己比，每天都比昨天有进步，最终帮孩子建立起自信心。

新东方的创始人俞敏洪也曾这样说过：

“比如说孩子得了零分，你要鼓励孩子下次考到十分，那孩子一想，考到十分还是挺容易的，你就可以加些奖励。比如说孩子爱吃麦当劳，你可以答应孩子考到十分，就带他去吃麦当劳，然后再把约定的分数一点一点加上去。

“比如说你的孩子考了六十分，你千万不要说下回你要考到九十分，否则就把孩子臭骂一顿。

“你要对孩子说，六十分已经不错了，下回你能不能考到七十分，我不把你跟班里的同学比，我只看你今天要比昨天进步，明天要比今天进步。孩子的分数在潜移默化中就会提高。”

事实上，大多数孩子不会出现考零分的现象，但孩子在某些方面表现得比别人弱一些的情况却很可能存在。

这时候，如果硬要把孩子跟在这方面表现很优秀的孩子比，那么孩子的自信不仅建立不起来，反而容易加深孩子的自卑感。

而让孩子自己跟自己比，让孩子今天比昨天更有进步，孩子就会逐渐建立这样的自信：原来只要努力，我也可以越做越好。

在这个过程中，有两点需要特别注意：

一是要循序渐进，每次的目标不要设立得太高，否则孩子容易出现畏难情绪，而且如果总是达不到目标，孩子也容易灰心丧气。我们可以像俞敏洪说的那样，孩子这次考了六十分，那么鼓励他下次考七十分。

二是允许孩子有所反复。比如这次进步了，下次可能会有所退步，这也是正常的现象，只要整体趋势是进步的就可以了。

3. 积极暗示的超凡作用

当我们给孩子积极暗示时，孩子的反应也会是积极的。相反，如果我们给孩子的暗示是消极的，那么孩子的反应也会是消极的。

台湾著名主持人陶晶莹在主持节目时曾谈到，从小到大，妈妈从来都不夸她，本来因为相貌上没有优势，在综艺界的发展就非常艰难，即使她好不容易可以在电视上主持大型晚会，妈妈也只是边看边摇头说：

“我女儿这么丑也能上电视！”

陶晶莹坦言，虽然知道妈妈很爱她，但妈妈从来不说一些正面鼓励的话，因此言语上对自己的伤害还是有的。所以当她有了孩子之后，她下决心不再重复妈妈的模式，对于两个孩子，她从来不吝啬赞美之词。

效果显而易见，她的两个孩子都更加健康、更加幸福地成长。

妈妈是孩子的第一任老师，孩子的价值感和成就感，首先来自妈妈的鼓励和肯定。我们希望孩子成为什么样的人，就要给予孩子这方面的积极引导和暗示。

著名演员宋丹丹在《幸福深处》一书中，写到这样一件事：

> 儿子巴图小的时候，有一次生病了，医生给他开了中西两种药。她先给巴图吃了西药，巴图表现得很乖。
>
> 于是她就对家里的阿姨说：“我发现巴图和别的小孩儿不一样，别的小孩儿吃药都哭，可他从来不哭，他不怕吃药。这一点他和别的小孩儿真的不同。”然后她再把中药端给巴图。

因为有了妈妈的表扬，尽管中药很苦，但巴图还是一口气把中药喝了下去。而且从那以后，多苦的药他都不怕。

对此，宋丹丹感慨地说道：“孩子不是骂大的，孩子是夸大的。”

宋丹丹用“我发现巴图和别的小孩儿不一样……”给予孩子积极的心理暗示，让孩子觉得自己是独特的、与众不同的，从而激发了孩子的自豪感，并引导孩子向妈妈所期待的方向发展。

对孩子进行积极暗示，还有一个不错的方法：将批评变为建设性的表扬。

其关键在于先肯定孩子的想法和做法，比如“你这个想法很有意思”“你的出发点很好”“和之前相比，你这次有明显进步，具体表现在……”，然后再提出改进的建议，引导孩子越做越好。

二 有效表扬的四大要点

要让表扬充分发挥作用，有四点需要特别重视：

1. 认真找优点——挖掘闪光点能加倍开发孩子潜能

有位教育家曾经说过，中国大多数妈妈教育孩子最大的弱点是用“食指教育”，也就是经常指责孩子，老用食指指着孩子说“你不行”。

而西方的妈妈则正好相反，她们更善于对孩子进行赏识教育，经常竖起拇指夸自己的孩子，所以叫“拇指教育”。

事实上，每个孩子都会有其与众不同、十分出色的地方，因此我们要善于挖掘孩子的闪光点，那么哪怕是萤火虫的光芒，也有可能会聚集成一个太阳。

在这方面，有些妈妈做得特别好，她们不仅能看到孩子的长处，甚至有时还能从孩子被别人否定的地方，挖掘并放大孩子的闪光点。

有一次，本书作者之一吴甘霖应中央电视台《当代教育》栏目的邀请，到北京一所著名中学的家长学校做讲座。

在和家长互动的环节，有位家长说道，她的女儿特别内向，为此她非常苦恼，不知道该怎么办。我问她，女儿内向都有什么表现。这位妈妈说，家里来了客人女儿也不打招呼，这让她觉得很丢面子，因此不得不向客人解释，女儿从小就这样。

听完之后，吴甘霖对这位妈妈说：

“问题可能就出在你这句‘她从小就这样’上，因为你给了女儿消极的暗示，女儿就会觉得自己理所当然就是这个样子。”

之后，吴甘霖与她分享了一个爱因斯坦的故事。

爱因斯坦小时候，在别人眼里是个不合群、内向，甚至有点傻的孩子，他不太爱跟别的孩子一起玩，还常常提一些古怪的问题，比如：指南针为什么会指向南方？什么是时间、空间？校长甚至断言，像爱因斯坦这样的孩子，将来不会有任何出息。

有一次，母亲波琳带他到郊外游玩，当别的孩子都在蹦蹦跳跳、玩得不亦乐乎的时候，只有爱因斯坦一个人默默坐在河边，看着河水发呆。

同去的亲友都觉得他的行为很古怪，于是问爱因斯坦的母亲，孩子是不是有什么问题？

但波琳却坚定地告诉亲友，爱因斯坦没有任何问题，他不是在发呆，而是在思考问题，总有一天他会成为了不起的教授。

同样面对内向的孩子，一位妈妈表达了对女儿的失望：“她从小就这样。”而另一位妈妈却独具慧眼看到了儿子与众不同的地方：“他不是在发呆，而是在思考问题。”两种方法哪种更好，自然不言而喻。

其实，对于孩子不跟客人打招呼，妈妈完全可以采取更积极有效的处理方式，比如对孩子说：“我知道你是个有礼貌的孩子，心里其实很想跟客人打招呼，只是刚才没有准备好，没关系，相信你下一次一定可以做到。”

或者当有客人来访时，可以提前让孩子有心理准备，比如告诉孩子："一会儿有位阿姨要来我们家，她是妈妈的好朋友，你可以叫她徐阿姨。"

当孩子表现不错的时候，还可以适当给孩子一些奖励。

2. 及时肯定——趁热打铁能让孩子将成长"固化"

及时肯定，能够让孩子知道他在哪些方面取得了进步，该如何努力继续将好的方面"固化"。

这种做法，有时可以产生意想不到的效果，让孩子完成从点滴进步到大的进步的跨越。如前面提到的郑承艾教育孩子的案例，从孩子考零分到倒数第三名，再到成绩优异，都离不开她对孩子进步的及时肯定。

在本书第二章，我们谈到了普通农村女性仇美云是如何将"懒"女儿骆晓娟培养成为奥运冠军的故事，这里再补充一个细节。

一次，骆晓娟提出要请几个小朋友到家里来玩，仇美云答应了。吃完午饭，骆晓娟看地上很脏，就催着妈妈扫地，否则小朋友们该笑话了。仇美云装着不耐烦的样子说，自己正忙着，让她自己去扫。

没办法，骆晓娟只好拿起了扫把。但刚扫了一半，她就不想动了，于是跟妈妈撒娇让妈妈帮忙扫，但仇美云却坚持让她自己完成，看妈妈不肯帮忙，骆晓娟只好重新拿起扫把，将房间彻底打扫了一遍。

看到女儿表现不错，仇美云立即表扬了她，说想不到她能扫得这么干净，一点都不比妈妈差。

这让骆晓娟很高兴，做家务的积极性也开始有所提高，每当这个时候，仇美云都会立即夸奖她。

几次之后，仇美云发现女儿变勤快了，扫地、淘米、洗菜……这些家务她都开始主动做。不仅如此，连骆晓娟的班主任都说她进步很大，以前班里大扫除，她都是能偷懒就偷懒，现在却是抢着做，学习也比以前更刻苦了。

这就是及时肯定所带来的积极效果，孩子会在肯定中获得满足感，而这种满足感会促使孩子的行为不断固化并持续下去，最终成为一种自觉的行为。

3. 大方给面子——当众表扬让孩子的成就感加倍

英国思想家洛克曾经说过：

“对儿童进行批评，要在私下里执行；对儿童进行赞扬，则应当着众人的面进行。”

孩子受到赞扬后，经过大家的一番传播，意义会很大，他会以之为骄傲，更加努力去获得更大的赞扬。

而当众宣布他的过失，会使他无地自容，更加叛逆。

中国有句名言：“扬善于公堂，归过于私室。”说的也是同样的道理。

著名演员宋丹丹在培养孩子的过程中，就非常注意这一点。她从来不在人前责怪儿子巴图，因为她觉得如果孩子的自尊和自信得不到很好的保护，就容易自卑、自弃。

每当她发现巴图在公众场合或者客人面前表现得不太好的时候，她都会趴在儿子耳边轻轻告诉他：“巴图，你这样不好。”巴图马上就会改正。

但当着别人的面，宋丹丹却毫不吝惜对儿子的夸奖，告诉大家自己的儿子很聪明，很优秀。

有一次，巴图到医院去看望爷爷，宋丹丹就对好几个护士讲巴图是多么懂事，他很认真地听着，然后悄悄走过来，对着宋丹丹的耳朵小声说：

“妈妈，我知道你特别爱我，因为你总是对人夸奖我。”

有位家长也曾给我们分享过一个类似的案例。

一次，朋友到她家做客，发现她女儿的房间收拾得很整洁，于是朋友对女儿夸奖了一番。其实这位妈妈知道，女儿平时并不怎么爱收拾，今天是因为她催促了好几次，甚至下了“最后通牒”才收拾得这么干净的。

但她并没有揭穿女儿，而是对朋友说：“是啊，孩子大了，越来越懂事了，很多事情都不用我操心了。”

朋友走了之后，女儿特意走过来跟她说了谢谢，而且更让她没有想到的是，从那以后，女儿收拾房间的主动性竟然大大提高了。

这让这位妈妈十分感慨，她总结说，其实孩子和大人一样，也要“面子”，即使孩子还小，妈妈也要懂得在众人面前保护孩子的自尊心，尤其当孩子表现不错的时候，当众夸奖不仅会让孩子的成就感倍增，而且会让孩子的行为发生实质性的转变。

懂得给孩子面子，有一点需要特别注意，那就是当别人夸奖孩子的时候，只要这种夸奖是恰如其分的，那么我们就可以大大方方地接受。

如果你过于谦虚，就会让孩子产生挫败感，觉得再怎么努力也达不到你的要求和标准。

4. 内容要丰富——不单调的表扬让孩子的人生更多彩

不少妈妈都有这样的困惑，尽管对孩子一直以肯定和鼓励为主，但时间一长，就会发现作用不明显了。

这其中一个重要的原因，是奖励的内容过于单调。要让鼓励和肯定对孩子产生持续的效果，就得根据孩子的特点和实际情况，让奖励的内容更加丰富。

曾经有位妈妈向我们咨询，为了提高女儿的学习成绩，她采取了给孩子奖励钱的方法。刚开始，孩子的积极性很高，成绩也有了明显的提升。但时间一长，女儿的兴趣就下降了，而且条件也越来越多。

这就是奖励内容过于单调所带来的后果。给孩子奖励钱，的确是一种激励孩子进步的有效手段，但并不全面。科学的奖励应该既有物质奖励，也有精神奖励，而且应该以精神奖励为主。总结起来，要注意以下三点：

① 物质奖励要适度，不能过于频繁。

物质奖励可以多种多样，不一定是钱，可以是做一道孩子喜欢吃的菜、带孩子去喜欢的科技馆，给孩子买一套感兴趣的书，等等。

与此同时，物质奖励不要太频繁，尤其是比较大的物质奖励。

比如，我们可以跟孩子约定，大人的工作有年终总结，做得好才能得到年终奖励，孩子也一样，如果成绩和平时表现在年终评估时达到了要求，才可以获得相应的奖励。

② 精神奖励要切合实际。

精神奖励，包括语言、表情、肢体语言等等。

比如，我们可以通过语言发自内心地表扬孩子的行为："你刚才在公交车上给老人让座，表现得很有礼貌""这次你通过努力，数学考了八十分，比上次进步了不少，让我特别骄傲"等等。

在通过语言鼓励孩子时，有一点要特别注意：妈妈不要只是简单地对孩子说"你很棒"，而是要告诉孩子棒在哪里，否则空洞的表扬很容易让孩子感到厌倦，失去兴趣。

同时，表扬的言语要切合实际，比如孩子明明画得很一般，假如你说："你画得太好了，班上肯定没人能超过你！"这样会带来两大问题：一是容易让孩子盲目自信，二是容易引起孩子的反感，感觉妈妈是在骗自己。这种不对路的表扬往往会适得其反。在这种情况下，我们可以用"你这幅画的色彩用得不错""你将向日葵画成了小孩的笑脸，这很有创意"等方式来给予孩子肯定。

另外，欣赏、赞许、满意的表情也是对孩子很好的精神奖励。

曾在苹果、微软和谷歌等多家公司担当要职的李开复，就曾经谈到过，他五岁时，自己决定不上幼儿园了，要去考私立小学。放榜那天，母亲陪他去了学校，当看到他的名字排在录取名单的第一名时，母亲激动得像个孩子一样叫了起来。

李开复说，那一刻，母亲脸上掩饰不住的兴奋和自豪，即使过去了几十年，他也不曾忘记。对于他来说，这或许就是最高的奖赏和鼓励。

除了语言、表情，我们还可以通过肢体语言，如一个拥抱、一个亲吻等来表达对孩子的奖励。

③ 表扬要学会分阶段。

针对不同年龄段的孩子，表扬的方式是不一样的。对于年龄小的孩子，妈妈可以多给予表扬，帮助孩子培养良好的习惯。

但当孩子已经养成习惯之后，妈妈可以适当减少表扬的次数，而且随着孩子年龄的增长，表扬的要求和标准也要有所提高。比如一个四岁的孩子吃完饭后将碗筷送到厨房，是值得表扬的行为，但对于一个十七岁的孩子来说，这样做是理所当然的，不需要进行夸奖。

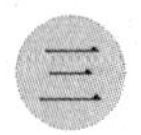

将表扬上升到孩子自我激励层面

表扬是一种外在的力量，其最终目的是帮助孩子培养良好的习惯，获得自信之后，将表扬上升到孩子自我激励的层面，即使没有人表扬，孩子也可以做得很好。

1. 不要让孩子养成“表扬依赖症”

著名教育家陈鹤琴说过一句话：积极的鼓励比消极的刺激来得好，但是鼓励也不可用得太滥，用多了恐失其效用；刺激若用得适当，也是好的，不过只可偶一为之而已。

这其实是在提醒我们，表扬虽然好，但也不能滥用，否则孩子容易养成“表扬依赖症”，只能听表扬，不能听批评，不管做什么，如果得不到表扬，就会失落、生气，甚至对这件事失去兴趣。如果这样，表扬不仅无法让孩子进步，反而会成为孩子成长的阻力。

俄国最伟大的诗人普希金从小就聪明过人，不仅诗写得好，画画也很出色，还很有语言天赋，被大家视为神童。普希金的父亲很为有这样的儿子而骄傲，经常带着普希金四处拜访朋友，让孩子当场作诗。

被一片赞扬声所包围的小普希金很快变得有些飘飘然。普希金的妈妈觉得不能再这样下去，否则会让孩子变得虚荣、傲慢。

于是她要求普希金的父亲尽量不要带孩子出去，而且还让丈夫跟朋友们打招呼，不要过多地夸赞孩子。

刚开始，普希金觉得很不适应，但通过妈妈的引导，他慢慢懂得，别人的赞誉其实没有什么，自己努力做好才是最重要的。

普希金妈妈的做法，很值得我们借鉴。孩子的具体情况不同，我们表扬的方式也要有所不同。对于那些表现得比较普通、不太突出的孩子，我们需要给予更多的肯定和鼓励，以强化他们的自信。

但对于那些本来天赋不错、从小就很优秀的孩子，我们反倒要适当减少对孩子的表扬，否则，孩子容易产生这样的想法：反正我很聪明，即使不努力，照样能够很出色，赢得大家的赞美。

另外，当孩子已经形成好习惯之后，我们要学会引导孩子自己去享受好习惯所带来的乐趣。

比如十岁的儿子很喜欢动脑筋，特别喜欢玩拼图，再难的拼图，他都可以轻轻松松地完成。

一天，儿子完成了一幅很难的拼图，高兴地拿去给爸爸看，爸爸看了，说："真不错，连爸爸都拼不出来。"接着儿子又拿着拼图跑到妈妈身边，说："妈妈，你看我拼得怎么样？"

妈妈知道儿子希望得到她的表扬，但她没有直接说，而是问儿子："这幅拼图是不是很难？"

"那当然。"儿子自豪地说。

"那在拼图的过程中，你是不是觉得很快乐？"

“很快乐！”儿子开心地说。

这时妈妈拥抱了一下儿子，说：“如果你做一件事觉得很快乐，那享受这种快乐的过程，就是对你最好的奖赏，这比任何人给你表扬都更加难得、可贵！”

妈妈的这种做法，可以很好地引导孩子从只在意别人的表扬，逐步转变为学会自己享受做事的乐趣，并从中获得成就感。当这种乐趣越来越多、越来越强烈，那么即使没有人表扬，孩子也会很用心、很努力地将事情做好。

2. 不为表扬而表扬，关键要让他不断进步

表扬是为了让孩子的行为发生积极的改变。这就要求我们不能单纯为了表扬而表扬，而是要让孩子不断进步。

① 不要表扬孩子的先天优势，而要表扬孩子的后天努力。

不要夸孩子漂亮，但可以夸孩子有礼貌、可爱等等，因为漂亮是天生的，但有礼貌和可爱却是通过孩子后天努力培养的。

不要夸孩子聪明，但可以夸孩子很有创意、动手能力很强、很用功等等。对于不经努力先天就具备的优势，夸奖只会让孩子产生虚荣心，而不会让孩子产生进步的动力。

② 不要好高骛远，而是要激励孩子去实现可以达到的目标。

美国著名心理学家卡尔·罗杰斯曾介绍过一个有意思的心理学实验：

美国一家研究机构的专家，希望通过实验，找到让人变得自信、积极主动的方法，于是将街头一些身体健全的流浪汉当作研究和实验对象。

实验的方法是让流浪汉分成几组，分配给他们一些难度差不多的手工活，并分别对他们进行不同的激励。

一段时间后，让人意想不到的情况出现了：被表扬和鼓励越多的小组，退出实验的人数也越多。而那些经常被要求“向榜样学习”的小组，退出的人数也比较多。

为什么流浪汉们宁可回到大街上去，也不愿意待在原本认为满足感和成就感很高的“激励小组”中？

通过分析，专家们发现，当外界对实验者提出的技能要求，超过他们的实际能力之后，频繁的表扬和激励对他们来说，不仅不是工作的动力，反而成了精神上的负担。

接下来，专家们对实验进行了调整，结果发现，让这群没有上进心的实验者不断进步的方法，是根据他们的不同能力水平，分配给他们难度相当的工作，并加以肯定和鼓励。果然，效果很明显。

这个实验，对我们教育孩子同样很有启示。孩子并不是夸得越多越好，而要在不脱离实际情况的基础上体现技巧和艺术。

比如孩子成绩排在倒数，你却非要鼓励孩子：“相信你没有问题，只要努力，肯定可以考到全班第一！”这样好高骛远的目标，只会让孩子感到压力而不是动力。

孩子的自信是在不断进步中逐渐树立起来的，只要有进步，都值得鼓励。只要你针对他的不断进步进行鼓励和奖励，他就会有更大的进步。

3. 不只给予孩子肯定，更要让孩子自己总结提高

当孩子做得不错的时候，我们除了给予孩子肯定，还要让孩子学会自己总结。总结经验就能对好的方面进行固化，总结教训就能对不足的方面进行改进和优化。

孩子总结的过程，既是理清思路的过程，也是锻炼孩子表达能力的过程，能够让孩子看到自己的进步，进一步树立信心。

诺贝尔物理学奖获得者、丹麦物理学家尼尔斯·玻尔小的时候，有一次

和身为物理学家的父亲探讨水的张力问题。

父亲并没有告诉玻尔答案，而是让玻尔去自己的实验室做实验来论证自己的设想。通过自己动手，玻尔证实了自己的想法是对的。

父亲让玻尔总结自己的思路和实验过程，对于玻尔做得好的地方给予肯定，对于不足的地方则进行提醒。这样一来，更加激发了玻尔在物理领域进行探索的欲望和兴趣。

我们也可以参照玻尔父亲的做法，经常让孩子自我总结。尤其在以下几种情况下，特别需要总结：孩子第一次做某件比较重要或者比较有挑战性的事的时候，某件事做得特别好的时候，某件事做得特别不好甚至失败的时候。这时候，我们可以引导孩子从三个方面进行总结：

第一，做了什么。

第二，哪些地方做得好，以后可以继续发扬。

第三，哪些地方做得不足，以后需要改进。

第五章　好妈妈如何善用批评的好方法

本章提要

在上一章，我们谈到要多表扬孩子、对孩子进行赏识教育的重要性。那么，是不是就意味着如果对孩子进行批评，就会给孩子带来负面影响——让孩子产生挫败感，甚至产生消极的作用呢？

其实，科学地批评和科学地表扬一样，对于孩子的健康成长都必不可少。

没有批评的教育，就是“缺钙”的教育。培养孩子的过程就如同育苗，只有及时去掉不好的枝蔓，才能将最好的养分输送到最有价值的地方。

一 从事与愿违的批评方式中跳出来

批评的目的，是帮助孩子改变不好的习气、找到正确的方法。但具体到如何批评时，很多妈妈却感到力不从心：

表扬的话孩子都爱听，但批评却往往很难把握分寸：说轻了没效果，说重了孩子又容易产生逆反心理，常常事与愿违。

那么到底怎么做才能让批评产生最好的效果？

1. 可以疾言厉色，但更须循循善诱

孩子沉迷于游戏，这是让很多妈妈焦虑又常常束手无策的问题。在本书的第一章，我们就曾谈到过四川省广元市一位妈妈因为儿子沉迷于游戏，在多次阻拦和责骂都无效之后，最后跳江自杀，孩子也跳江自杀的悲剧。

假如家庭经济状况不好，你没日没夜地辛苦工作，就为了孩子能好好上学、有个好前途，但你的孩子却偷偷溜进网吧打游戏，你会不会伤心至极、暴跳如雷？甚至，你会不会将孩子痛打一顿都不解恨呢？

可以说，你的心情和做法是完全可以理解的，但未必是有效的。

其实，不必伤心更不必暴跳如雷，你也可以取得很好的效果。

且看一位妈妈是如何做的。

吴章鸿是华中科技大学计算机学院中心实验室一位普通的工人，她成功地将儿子吴纯培养成连获十五项大奖的国际钢琴冠军，并因此入选了教育部、全国妇联、共青团中央“全国更新家庭教育观念报告团”成员，在全国进行了数百场巡回讲座。

和很多妈妈一样，吴章鸿也曾遇到过孩子玩游戏上瘾的问题。

一天，吴章鸿出门上班前，叮嘱儿子在家好好练琴，儿子满口答应了。谁知吴章鸿刚走，儿子就去打游戏了。吴章鸿原本不知道，是同事告诉她在游戏厅看到了她儿子。

吴章鸿马上骑自行车去找儿子，在游戏厅，她看到了兴高采烈、专心玩游戏的儿子。

看到这样的情景，吴章鸿也很生气，恨不得立刻冲进去把儿子拽出来，狠狠教训一顿。

但她还是控制了自己的情绪，因为她知道，要想让孩子远离游戏厅，真正把孩子带回家，靠强制和命令是不行的，何况孩子逐渐长大，不能在大庭广众下揭孩子的伤疤，要给孩子留有面子。

于是吴章鸿什么也没说，自己一个人先回了家。儿子回来后，吴章鸿问他去哪儿玩了，儿子回答说和同学去新华书店买书了。吴章鸿没有继续追问，等吃完饭后，她又问儿子到底去哪里了。儿子这次干脆回答说：“哪儿都没去，就是练琴、写作业。”

吴章鸿仍然用很平和的语气说，自己在游戏厅里看到一个跟他长得一模一样的孩子。看儿子还不想承认，吴章鸿又说出孩子穿的什么衣服，旁边站了什么样的同学。

儿子一看没法再撒谎了，马上翻脸说：“妈妈你跟踪我，不信任我。”

但吴章鸿还是不急不恼地告诉儿子：妈妈之所以去找他，是因为妈妈的同事看到他经常光顾游戏厅。妈妈很伤心，因为被自己最爱的人欺骗。

看儿子开始有些愧疚，吴章鸿不失时机地问儿子为什么一定要去游戏厅。儿子也说出了心里话：班里的男同学在一起时，除了学习，谈论得最多的就是游戏，大家都想成为游戏高手，他也不想落后。

明白了游戏为什么对儿子这么有吸引力后，吴章鸿想，如果坚决制止孩子进游戏厅，不会有什么效果，毕竟孩子有很多自由支配的时间，他还是会千方百计进去。虽然不能强制孩子不去，但还是要对孩子进行引导，让孩子把握一个度。

于是吴章鸿先向儿子表明了自己的态度：每个人都有自己的本职工作。作为一个学生，学习就是他的本职工作。不能够因为玩游戏本末倒置，丢了西瓜捡了芝麻。

然后，吴章鸿给儿子提了一个合理化建议，让儿子考虑能不能接受：

星期一到星期五是大人上班、孩子上学的时间，要管住自己，认真学习，不去游戏厅。星期六上午是学钢琴的时间，也希望他好好学习。如果这些都完成得很好，那么星期六下午他可以光明正大地拿着妈妈给的钱，痛痛快快地去游戏厅玩游戏。

对于吴章鸿提出的建议，儿子想想答应了，并向妈妈保证会管住自己，不耽误学习，学得踏实、玩得痛快。他说到做到了。后来，他成了知名音乐家。

看到这样的效果，我们不由得对吴章鸿的做法拍案叫绝：面对儿子犯的错误，她没有直接批评、责骂，而是循循善诱，采用孩子能够接受的方法帮助孩子改正。

我们不妨分析、学习一下吴章鸿的具体做法——

第一，面对犯错的孩子，不在大庭广众下责备他，而是给孩子保留面子。

第二，对于孩子的谎言，没有直接拆穿，而是用“在游戏厅里看到一个跟他长得一模一样的孩子”，委婉地告诉孩子，自己已经知道真实的情况。

第三，当孩子不仅不承认错误，还用“妈妈你不信任我”倒打一耙时，吴章鸿没有立刻生气，而是控制好自己的情绪，仍然心平气和。

第四，当孩子已经开始感到羞愧时，用一句“妈妈很伤心，因为被自己最爱的人欺骗”点到为止，不再继续深究。

第五，用诚恳的态度鼓励孩子说出心里话，找到孩子沉迷于游戏的原因。

第六，向孩子表明自己对于“玩游戏”这件事情的态度：学生最重要的任务是学习，不能够本末倒置。

第七，不是用命令而是用合理化建议的方式，帮助孩子找到解决问题的方法。

吴章鸿的做法，告诉大家：

对孩子进行批评教育，有时的确需要疾言厉色，但更要懂得循循善诱，这样往往能取得更加理想的效果。

2. 可以指出错误，但不能乱贴标签

对于孩子的错误，妈妈可以指出来，但一定不要乱贴标签。

曾经在报纸上看到过一个少年犯的故事。这个十六岁的少年犯，在回忆起自己是如何走上犯罪道路时，说了这样一件对自己影响最大的事。

五岁那年，有一次为了买零食，他拿了爸爸口袋里的十元钱。那时十元钱不是小数目，相当于家里一个星期的菜钱。但他当时并没有意识到自己做得不对，只是单纯地想：有了钱，就可以买好吃的了。

妈妈知道他拿钱的事后，非常生气，将他痛打了一顿，一边打一边狠狠地骂他是“小偷”，长大以后“要坐牢的”。尽管他当时并不明白“小偷”的真正含义，但从妈妈愤怒的表情中，他觉得这一定是件非常不好的事情，并感到十分羞愧。

不仅如此，以后只要他有什么做得不对的地方，妈妈就会拿这件事翻旧账。慢慢地，他开始自暴自弃，最后真的成了一个惯偷。

孩子偷偷从爸爸口袋里拿钱固然不对，但对于一个只有五岁的孩子来说，这只是一个无意识的举动，只要正确引导就可以了，但妈妈却给孩子贴上一个非常可怕的“小偷”标签，而且不断让这个标签固化，给孩子一种消极的暗示，加上孩子的分辨能力不强，误认为自己真的就像妈妈说的那样。

因此，妈妈在批评孩子的时候，要就事论事，一定不要乱贴标签，诸如“笨蛋”“自私”“窝囊废”“胆小鬼”“坏孩子”之类的话都是很忌讳的，会给孩子的成长带来非常消极的影响。

3. 可以让他认错，但别挖苦、讽刺

批评孩子时，还有一点需要特别注意，那就是可以让孩子承认错误，但不要对孩子进行挖苦和讽刺。批评孩子的目的是帮助孩子改正错误，而不是为了一时嘴巴痛快，更不是为了伤害孩子的自尊心。

一家人周末去郊游，别人都准备好出门了，十四岁的女儿却还在房间里挑衣服。妈妈忍不住对女儿喊道：

“为什么你做事总是那么磨蹭，没看见大家都在等你吗？出个门还那么费事，你以为你是大明星啊！”

妈妈本想让女儿快点，但这样的话不仅没起到作用，反而让女儿很不高兴，一路上沉着脸，本来快乐的郊游也变得很不愉快。

如果妈妈将这种指责加讽刺式的批评，变成温和的提醒和建议：

“既然去郊游，我觉得你穿红色的运动服配白色的旅游鞋很合适，照相也好看。还有，如果你能够快一点，大家就不用一直站在门口等，你说是不是？”

女儿的反应则可能是，不仅用很快的速度换好了衣服，并且会向等待自己的家人表达歉意。

4. 可以表示失望，但别一棍子打死

也就是不要因为孩子某一件事没有做好，就对孩子全盘否定，一棍子打死。

比如孩子的作文没有写好，妈妈可以说：

“过去一段时间，为了让你的作文能够提高，我们一起看了七八本作文书，并且共同总结了不少描写不同人、不同事物的句子和形容词，但在你这次作文中，我却并没有看到你有所运用。这让我觉得有些失望。你能不能告诉我，到底是哪里出了问题？”

但不能说：

“你看看你写的都是什么东西，我看你这个样子，再怎么努力也是白费，一辈子也别想写好作文。”

“你总是……”“你从来就……”“你永远都……”“你简直……”类似这些断然的评判和结论，不仅起不到效果，反而容易让孩子产生“破罐子破摔”的心理，适得其反。

5. 古代父母对孩子“七不责”

古代父母批评孩子有“七不责”，到今天仍然值得我们借鉴：

对众不责：不要在大庭广众之下责备孩子；

愧悔不责：不要责备已经为自己的过失感到惭愧、后悔的孩子；

暮夜不责：晚上睡觉前不要责备孩子。

饮食不责：吃饭时，不要责备孩子。

欢庆不责：不要在孩子特别高兴的时候责备他。

悲忧不责：不要责备正在悲伤哭泣中的孩子；

疾病不责：当孩子生病的时候不要责备他。

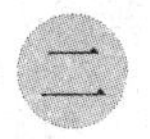

有效批评的“四先四再”原则

如果想让批评发挥出最好的效果，我们不妨采取“四先四再”原则：

1. 先管理好自己的情绪，再对孩子进行批评

妈妈看见十岁的儿子左手拿了两个杯子，右手还拿了一个茶壶，于是就说：“小心点儿，别掉了。”

“放心吧，不会掉的。”话音刚落，一个杯子从儿子手指间滑落，啪的一声掉在地上，顿时摔成了碎片。

“让你小心就是不听，真是笨死了！”妈妈生气地说道。

“你才笨呢，上个星期天你去奶奶家还把她心爱的花瓶打碎了呢！”儿子毫不客气地顶嘴。

妈妈一听，怒不可遏，就这样你一言我一语，两人争吵得越来越激烈。

孩子不小心打碎了茶杯，妈妈原本可以平心静气地告诉孩子怎么做才不会出现这种情况，结果却弄成了一场剑拔弩张的“战争”，不但达不到批评的效果，反而引起了孩子强烈的对抗情绪，孩子生气，妈妈伤心，最终两败俱伤。

同样的情景或许我们没有亲身经历，但仔细想想，类似的事情似乎也曾在我们身上发生：看到孩子犯错，就会控制不了情绪，不由自主地怒火中烧。

而批评的第一条原则，就是要学会先管理好自己的情绪。

① 不为发泄自己的情绪而批评孩子。

我们常常会看到这样的情景：妈妈白天在工作中遇到了不顺心的事，晚上偏偏孩子递上一份考砸了的试卷让她签字，或者辛苦了一天筋疲力尽地回到家中，推开门一看，却发现孩子将屋子弄得乱七八糟。

碰到这种情况，很多妈妈会立刻很生气，并且将这种情绪带到批评中去，结果，批评就变成了“责骂”和“控诉”。

实际上，这种以发泄自己情绪为主的批评，很难做到理智和客观，容易夸大孩子的缺点，甚至说一些极端的话。如果我们总是任凭自己的情绪蔓延，不由分说就对孩子发火，孩子往往会不知所措。

因此，这时候，我们不妨先冷静半个小时再去和孩子谈，或者让孩子的爸爸去跟孩子谈。

② 在批评之前，自己先做检讨。

在批评孩子之前，我们不仅要明确需要解决什么问题、要达到什么效果，有时候还需要检视一下，是不是由于自身的原因，才导致孩子犯错误。

龚晓思是我国著名的国际象棋大师。晓思小时候，妈妈就陪着她学棋，遇到比赛也总是在一边陪伴她。

刚开始学棋时，一次晓思参加比赛，妈妈站在窗外观看。或许是太想向妈妈证明自己，求胜心切的她为了赢得比赛，在处于劣势的情况下，趁对手不注意，悄悄动了一个棋子。

结果对手发现了，双方发生了争执。于是，裁判让她们重下一局，由于心理负担过重，龚晓思最终输掉了比赛。

这一切都被窗外的妈妈看在眼里。回家的路上，妈妈问她是不是动了棋子。晓思知道自己做错了，没敢吱声，等着挨骂。

但妈妈并没有急于责备晓思，而是先向她道了歉：自己不应该在窗外观看比赛，致使她心理压力过大。

但同时，妈妈也非常严肃地告诉她，以后不能做这样的事，可以输掉比赛，但不能输了人格。

面对妈妈的批评，龚晓思诚恳地认了错。从那以后，她在学棋的路上稳扎稳打，多次在各种比赛中获奖。

龚晓思的妈妈非常懂得批评的艺术，当孩子出现问题时，她并没有将所有责任都推到孩子身上，而是先从自己身上找原因，使批评达到了最佳效果。

③ 学会控制自己的情绪。

我们可以学习一些简单、有效的控制情绪的方法：

将孩子可爱的照片贴在冰箱门上，每次要发脾气的时候，先看看照片，让情绪变得舒缓；

和孩子谈话之前，先洗个热水澡，平复一下情绪；

听听音乐或者打开窗户呼吸一下新鲜空气；

到院子里走半个小时；

……

2. 先疏导，再引导

著名科学家史蒂芬·葛雷曾经谈到童年时对自己影响非常大的一件事：

史蒂芬三岁时，一次试图从冰箱里拿一大瓶牛奶，谁知手一滑，瓶子掉在了地上，尽管瓶子没碎，但牛奶却洒了一地。

妈妈闻声进了厨房，看了看地上混乱的情况，又看了看胆怯地站在一旁等着挨骂的小史蒂芬，并没有责备他，而是说：

“史蒂芬，瞧瞧你制造的‘垃圾’还真棒！我还从没有见过这么大的一摊牛奶呢！既然已经这样了，儿子，你愿意在我们打扫前在‘奶河’里玩一会儿吗？”

“当然愿意！”史蒂芬高兴地答应了。

玩了十几分钟后，妈妈对他说：“现在玩得差不多了，不过既然是你制造了这些‘垃圾’，那么还得由你来负责打扫干净。我们可以用海绵、拖把或抹布，你喜欢用哪种呢？”

史蒂芬选了海绵，和妈妈一起将地板上的牛奶擦得干干净净。

擦完地板后，妈妈又对他说：

“今天你的小手没能抓住大牛奶瓶子，所以才把瓶子掉到了地上。现在你可以拿着瓶子到院子里的水龙头那里，给瓶子装满水，看看怎样抓住瓶子才不会掉。”

小史蒂芬兴冲冲地拿着瓶子到了院子里，很快他就发现，只要他两手握紧瓶颈凹下去的地方，瓶子就不会往下掉了。

小史蒂芬兴奋地将自己的发现告诉了妈妈，妈妈摸了摸他的头，露出了赞赏的微笑。

史蒂芬在长大后回忆起这件事对自己的影响时说，正是那件事，让他懂得了一个道理：不必害怕错误，错误很可能是学习新知识的机会；也不必惧怕失败，因为成功很有可能就孕育在失败中。做科学实验的时候同样如此。

也正因为如此，在通往科学的道路上，尽管经历过很多失败，但他却始终满怀信心，他相信，就像小时候那次经历一样，只要不断去探索和尝试，就一定能够掌握正确的方法。

我们可以想象一下，假如当初史蒂芬的母亲看到一地的牛奶怒气冲冲地说：“你这个笨蛋，叫你别乱动冰箱里的东西你就是不听，现在好了，闯祸了吧，我看非得揍你一顿你才会长记性。”说不定，一个天才就这样被扼杀了。

由于孩子的思维方式、明辨是非的能力和掌握的方法等都还不成熟，犯错误在所难免，但犯错误往往也是孩子探索和发现世界、自我完善的过程。

如果孩子一犯错，妈妈就狠狠批评、大声训斥，孩子很容易产生恐惧心理，什么事都不敢尝试，慢慢变得懒于动手，凡事都依赖父母。

因此，当孩子犯错误的时候，我们不妨像史蒂芬的妈妈一样，“先疏导，再引导”，让孩子在错误中学习，在学习中成长。具体方法可以参考如下方式：

首先，疏导孩子紧张、不安的情绪。

孩子做错事后，就算大人不责怪，自己也会觉得内疚和不安，如果这时候妈妈能够宽容、谅解，可以有效减少孩子的不安，为下一步的引导做好铺垫。

史蒂芬的妈妈知道，在紧张、不安和恐惧的情绪下，即使告诉孩子正确的方法，孩子的接受程度也会大打折扣。

因此对于儿子制造的混乱，她没有生气，而是通过告诉儿子“你制造的‘垃圾’还真棒”，并鼓励儿子在“奶河”里玩一会儿，让儿子的情绪得到放松，以保证接下来的“引导”能够顺利进行。

其次，让孩子为自己的错误承担责任。

疏导完孩子的情绪，接下来要让孩子为自己的错误承担责任。

史蒂芬妈妈的做法是：告诉儿子这些“垃圾”既然是他制造的，就得由他来负责收拾，他可以自己选择清洁工具将厨房打扫干净。

再次，引导孩子在探索和尝试中掌握正确的方法。

史蒂芬的妈妈没有直接告诉儿子，正确握瓶子的方法是什么，而是让儿子通过一次次的尝试和探索，自己找出正确答案。

这样做的好处显而易见：大大激发了孩子的好奇心和探索欲望；让学习的过程变得生动、有趣，充满愉悦感；由孩子自己得出的结论，更容易被牢牢记住；孩子的自信心和成就感得到了增强和满足。

这个案例精彩而完整地向我们呈现了“先疏导，再引导”的批评艺术。整个过程中，看似没有批评却胜过批评，有艺术的批评可以做到“润物细无声”，甚至使孩子终身受益。

3. 先理解情绪，再限制行为

当孩子的行为、要求不合理时，妈妈不妨先理解孩子的情绪，再限制孩子的行为，这样能够减少孩子的抵触情绪，使其更易于接受批评和建议。

十三岁的儿子暑假时提出要单独和朋友去外地旅行，对于孩子的要求，两位妈妈采取了两种不同的方式。

第一位妈妈一听，神经立即紧张起来，想都没想就一口拒绝了：“绝对不行，你想都别想，你才多大啊，万一碰上坏人怎么办？要是出了事可怎么办？”

儿子一听，犟劲儿也上来了，把头扭向一边，说：

“我偏要去，你不同意我就离家出走。”

妈妈听了不由得火冒三丈，声音也高了八度：

“好好好，你去你去，现在就去，去了就别回来了。”

儿子也不甘示弱，声音比妈妈还高：

“管管管，你就知道一天到晚管我，我干什么你都不让，你干脆买个笼子把我关起来，这样我就哪儿也去不了了。”

结果两人谁也不让谁，吵得不可开交。

尽管后来儿子并没有离家出走，但整个暑假都闷闷不乐，也不太理会妈妈。两人的关系一度降到了冰点。

这位妈妈的出发点是好的，对孩子的行为提出限制也没有错，但方式上却有值得改进的地方：

妈妈既没有换位思考，也没有在语言上做任何铺垫和过渡，就直接否定了孩子的想法，由此引发了孩子强烈的反抗和不满。

我们再来看第二位妈妈是怎么处理的：

第二位妈妈听完儿子的要求，并没有如临大敌，而是说：

“我理解你现在的心情。像你这么大的时候，我也和你一样，渴望独立，希望有机会和朋友一起去旅行，远离家人和学校，呼吸自由自在的空气。”

儿子一听，脸色有所缓和，并试探性地问：“真的吗？”

妈妈回答说：

“当然。其实不仅妈妈和你，几乎所有人在这个年龄时，都会有这样的想法。”

看儿子的表情进一步缓和，妈妈说道：

“尽管我理解你的心情，但现在还不能答应你的要求。首先，你还小，还没到能够单独出去的年龄；另外，旅行是一件看似简单其实并不简单的事，旅途中可能会出现很多意想不到的问题，而你现在还不具备处理这些问题的能力。”

这时儿子尽管显得有些失望，但还是接受了妈妈的建议。

妈妈接着说：

“不过我答应你，等你年满十七岁，我会给你一次和朋友单独出去旅行的机会。”

儿子一听，顿时喜出望外。

妈妈又说：

“不过这是有条件的：你必须好好学习各种地理知识，并且锻炼自己的应变能力和处理各种突发事件的能力。”

“没问题。”儿子一扫刚才的失望，满口答应了妈妈的要求。

整个暑假，儿子都在兴致勃勃地收集各地旅游风景区的资料，并且对其中不少景区的历史、文化、特色都能如数家珍，还时时和妈妈讨论旅途中可能遇到的各种问题以及应对方法。

相比之下，第二位妈妈处理问题的方式就显得比较艺术：既理解孩子的情绪，又对孩子的行为进行了明确的限制，与此同时，还巧妙地激发了孩子学习的兴趣。

4. 先肯定，再否定

有一种特别有效果的批评法，叫作“三明治批评法”，分三个阶段：肯定、批评和鼓励。即先肯定孩子做得好的地方，再指出孩子的不足，最后再对孩子进行鼓励（详见本书作者吴甘霖与邓小波所著《孩子自觉我省心》，接力出版社出版）。

该方法最关键的是第一个阶段：否定之前先肯定。

比如对于孩子的粗心，我们可以这样说：

“你是一个不错的孩子，但我没想到你会犯这样的错误，我想这并不是因为你不聪明，而是因为粗心。如果你能够细心一点，相信一定可以做得更好。”

当然，“三明治批评法”是一个整体，肯定、批评和鼓励三者缺一不可。

周末，女儿将自己的衣服放进洗衣机里洗干净了，却对妈妈放在一旁的衣服没有理会。

加班回家的妈妈一看，有些不高兴：

“你怎么那么自私，就不能把妈妈的衣服一块洗了？平时我哪件事不是先想着你！”

女儿一听，也很不高兴，头一扭走进了自己的房间。

在这件事上，女儿虽然有需要改进的地方，但她可能并不是有意的，只是没看到或没想到而已，妈妈不能因此就否定孩子，更不能上升到“自私”这种质疑孩子品格的“高度”。

出现这种情况，我们完全可以换一种方式，对孩子加以提醒：

“你今天主动洗了衣服，真不错！如果你在洗自己衣服的同时，能顺便把妈妈的衣服一块洗了，那就更好了。你的帮忙，可以让妈妈轻松很多。相信下次你一定会这么做，对吗？”

相信哪个孩子听了这样的话，都会乐于接受。

运用“三明治批评法”，最后一点是要对孩子进行鼓励，但鼓励不能盲目、空洞，而要给孩子指出努力的具体方向。否则，孩子还是不知道下一次该怎么做。

比如妈妈可以这样说：

“我看过你的试卷，作文扣分太多是你这次没考好的主要原因。妈妈建议你每周除老师布置的作文外，再额外写一篇作文，坚持两个月，相信你的作文水平一定会很快提高。”

这样，孩子也更容易接受。

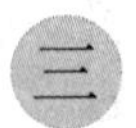

批评的最终目的：让孩子产生好的转变

批评的最终目的，是让孩子真正产生好的转变。为此，有几点需要我们特别注意：

1. 轻“批”重“评”

“批”是指责，“评”是评点、指导。轻“批”重“评”，也就是轻“指责”重“指导”。

我们在批评孩子的时候，重点不是指责孩子为什么错了，而是要告诉孩子该怎么改进，这才是批评的落脚点和着重点。

四岁的小凯拿着彩笔将雪白的墙壁画得乱七八糟。

妈妈看见了，并没有责备她，而是转身从房间里拿了一沓白纸，并且搬来了小桌子和小椅子，放在小凯的面前，对小凯说：

“宝贝，墙上不能画画，以后不许再往墙上画了。纸才是用来画画的，以后想画画就画在纸上。来，现在坐在小椅子上，在纸上画你想画的东西。”

这就是轻“批”重“评”的做法，一方面既“批”了孩子，告诉孩子错在哪里：墙不是用来画画的。但重点却放在了“评”上，让孩子懂得正确的做法：“纸才是用来画画的。”

批评可以说是教育孩子中最难的，如果方法不对，不仅起不了作用，可能还会引起孩子的反感，激发矛盾。

因此，掌握轻“批”重“评”的艺术非常重要，不仅能够达到事半功倍的效果，还会让自己和孩子的关系变得更加融洽、和谐。

饥肠辘辘的儿子放学回家，一眼看到桌上放着妈妈刚烤好的蛋糕，不由得两眼放光，立即扑上去，拿起勺子大口吃了起来。

妈妈看到了，温和地提醒他：“儿子，蛋糕是要和爸爸妈妈、爷爷奶奶一起吃的。现在，麻烦你去厨房拿五个盘子，把蛋糕分成五份。”

儿子一听，立即放下勺子，不好意思地冲妈妈吐了吐舌头，然后一溜烟跑到厨房，拿来了五个盘子，将蛋糕分成了五份，然后高高兴兴地吃掉了属于自己的那一份。

在这个案例中，妈妈对儿子的“批”是轻描淡写的，没有用严厉的语气指责儿子“你怎么那么没礼貌，光想着自己，不知道先给爷爷奶奶送去吗”，只是温和地提醒儿子：蛋糕是要大家一起吃的。这恰恰是孩子最容易接受的方式。

之后，她再明确告诉孩子接下来应该怎么做：到厨房拿五个盘子，将蛋糕分成五份。在这样的轻“批”重“评”下，儿子不仅心情愉悦地接受了妈妈的建议，而且在不知不觉中学会了分享。

在实际教育孩子的过程中，不少妈妈往往会不由自主地将批评的重点放在“指责”上，甚至只剩下“批”，而没有了“评”。

因此，在批评孩子之前，我们不妨先整理一下思路，明确批评要达到的目的，以及为了达到目的自己需要做什么，孩子需要做什么。

比如孩子平时不爱收拾，老是把房间弄得乱七八糟，如果只是冲孩子发火，抱怨孩子不体谅自己，并不会有什么效果。想让孩子有所转变，我们可以这样做：

首先告诉孩子：“我们都有将自己的房间收拾得干净整洁的责任，以后不能再将房间弄得乱七八糟。”

接下来，要让孩子知道“干净整洁”的标准。比如告诉孩子每周要拖一次地、擦拭一次桌子，东西要分类放好等。

我们还可以写一些如“图书”“玩具”“衣服”“裤子”等小纸条，贴在孩子的房间，明确告诉孩子不同东西的位置，并且要求孩子每天上床之前，都检查一遍东西是否已经归位。

这样一来，孩子慢慢就会变得有条理。

2. 鼓励孩子反思，培养其改错能力

批评是为了让孩子认识到自己的错误，从而改正。而鼓励孩子反思，培养其改错的能力，往往能达到不错的效果。

葛存壮是著名表演艺术家葛优的父亲。在谈到对孩子的教育时，葛存壮说，他从来不打骂孩子，孩子犯了错，他就找他们谈话。

因为根据他的经验，孩子更怕家长找他们谈话，谈话教育可以让孩子更好地反思，必要的时候，还可以加上一些“特殊”的惩罚。

葛优五岁多的时候，一次做错了事，被姥姥说了一通，他不仅不听，还踢了姥姥一脚。这一幕正好被葛存壮看见，他问葛优知不知道这么做不对，但葛优始终低着头不吱声。

于是葛存壮给葛优讲了很多道理，并让他独自在院子里反思。通

过这件事，葛优知道了不尊重老人是很严重的错误，以后从未再犯。

在这个案例中，葛存壮一方面给葛优讲道理，另一方面鼓励儿子反思错误，使其认错的态度更端正，印象也更深刻。

3. 对严重犯错和重复犯错，必要时可以严惩

对于孩子一般的错误，我们要以引导为主，但对于孩子的一些严重错误和重复犯错，我们不能够纵容，必要时可以严惩。

我们来看看海伦·凯勒是怎么成长为享誉世界的女作家的。

一岁半那年，疾病让海伦·凯勒失去了视力和听力，因为无法和外界沟通，小海伦变得十分暴躁，脾气越来越坏。

父母对这个生病的孩子非常疼爱，几乎百依百顺，这使得小海伦更加任性，稍不顺心就大发脾气。

小海伦八岁那年，妈妈给她请来了一位老师——安妮·沙利文。

教育这样一个孩子，困难可想而知，师生之间经常会发生冲突。每当这时，父母总是站在小海伦一边。

后来，在沙利文的坚持下，小海伦的父母终于同意她以自己的方式教育小海伦。

沙利文发现小海伦在吃饭时有一个不好的习惯：不愿意吃自己盘子里的东西，而是跑来跑去，摸到别人盘子里有什么，就用手抓起来往嘴里塞。家里人对此也习惯了，任由她胡闹。

沙利文决定从这一点入手，开始改变海伦。每当海伦把手伸到她的盘子里时，她就会坚决地将海伦的手推开。

几个回合下来，海伦感到无趣，只好摸索着回到自己的座位上，开始用手抓自己盘子里的东西。

沙利文接着开始改变小海伦用手抓饭吃的习惯，不断将勺子放到她手里，但她却一次次把勺子扔出去。

于是，沙利文一次次将海伦拉到勺子所在的位置，让她将勺子捡起来，然后把她拖到椅子上，让她坐好……直到小海伦饥肠辘辘、筋疲力尽，最终第一次安安静静地坐在了自己的位置上，乖乖地吃完了自己盘子里的早餐。

有了这次成功的尝试，沙利文决定让小海伦暂时离开熟悉的家庭环境，和自己单独生活一段时间。事实证明沙利文的做法是对的，仅仅离开家几个星期，小海伦就发生了很大的改变——她甚至能够安静地坐在椅子上，在缝纫卡片上缝出了笔直的线条。

多年以后，当维多利亚女皇把英国最高荣誉勋章别在海伦身上时，不由得问道：

“是什么让你取得了如此大的成就？”

海伦毫不迟疑地说：

“如果不是安妮·沙利文，绝对不会有人知道海伦·凯勒这个名字。”

面对小海伦习以为常的无理、任性和没有规矩，沙利文没有因为她的残疾就纵容她、降低对她的要求标准，而是用很严厉的方式让她逐步改掉了坏毛病。而沙利文的坚持，最终让小海伦发生了彻底的改变。

在第一章中，我们讲了这样一个观点：你是孩子的朋友，但你也是孩子的监护人。这里我们再强调一下：要当孩子的朋友，更要有勇气当严格的妈妈。对孩子的错误，你有进行批评和督促其改正的责任。

另外，为了给孩子更好的指导，我们可以提前告诉孩子，什么样的错误属于严重错误，比如撒谎、打架、偷拿别人的东西……这些都是绝对不允许的，一旦犯了这些错误，就必须接受严厉的惩罚。

好妈妈总有好方法

第二单元

好方法如何让孩子更好地成长

第六章　好方法让人生观教育不再苍白无力

本章提要

在对孩子的教育中，人生观的教育是最重要，也是最难的事情之一。

说它最重要，是因为人生观教育是要教会孩子辨是非、知对错、懂得做人准则等这些重要事情，关系到孩子一生。

说它是最难的，是因为无论在家庭教育还是在学校教育中，都往往存在概念化、形式化的弱点，导致人生观教育苍白无力。

因此，我们要尽可能掌握有关规律和方法，让人生观教育变得生动、有效。

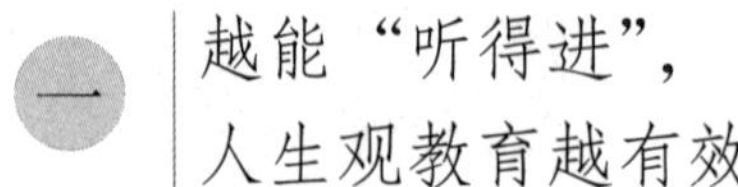

一 越能“听得进”，人生观教育越有效

人生观教育是否有效，有一个首要前提，就是孩子能“听得进”。

社会心理学指出：不少时候，别人抵触你的话，并不是说不认可你的观点，而是不接受你的态度。

不管你讲任何道理，如果孩子根本就不愿意听，那怎么会产生效果呢？

1．与其给孩子一张冷脸，不如给他一份体验

我们曾经在一个小学的班级里做过一次调查，有九成的孩子表示，他们最害怕的是“父母板着脸、喋喋不休的说教方式”。

其中，有个学生形象地描述了自己的感受：“每当我妈脸一沉说‘你坐好，我跟你说……’，我的脑袋就会嗡的一声，只盼望妈妈单位有急事把她叫走，免得听她没完没了的教训。”

对于孩子成长过程中有可能或者已经出现的偏差，父母一定要重视，但在方式上，与其板起面孔教育孩子，不如让孩子通过体验来意识到自己的错误。

且看这样一个故事：

一个十岁的小女孩在海边玩耍时，目光突然被旁边卖贝壳项链的小摊深深吸引住了。

小女孩忍不住走过去，拿起一条漂亮的项链，再也舍不得放下，要求妈妈给她买一条。

但妈妈已经给她买了好几个贝壳了，觉得没必要再买项链，拒绝了她的要求。

没想到，在返程的大巴上，妈妈突然发现女儿在偷偷玩一条贝壳项链。

很显然，女儿趁摊主没注意，偷偷拿了一条项链。

这时，大巴距离旅游景点已经有一百多公里了。

看到妈妈发现了自己的行为，小女孩低下头，等待妈妈“发落”。

在她的想象中，妈妈要么会非常生气，将自己狠狠教训一顿；要么考虑到一条项链不值什么钱，而且大巴已经开出那么远了，也许妈妈只是轻描淡写地说两句，让自己知错就“放过”自己了。

但她没有料到的是，妈妈二话没说，立即让女儿跟自己下车，然后又坐车返回旅游景点，让女儿将项链还给摊主，并向摊主道歉。

这件事深深刻在了小女孩的心里，成为影响她一生的事情。通过这件事，她明白了一个道理：没有什么比诚信和对自己的行为负责更重要的了。

十几年后，小女孩长大进入商界。在奋斗的过程中，她时刻把处处负责及诚信经营作为最重要的理念。后来她事业一步步做大，成了拥有几亿资产的知名女企业家。

这是我们在清华大学总裁班讲课时，一位女企业家分享的亲身经历。在谈到这段经历对自己的影响时，她感慨地说：

“我十分感谢妈妈以这样的方式来教育我——既没有放任我的错误，也没有高高在上给我压力，而是让我去体验：有些错误是绝对不可以犯的，如果犯了，就得以实际行动去承担责任。”

这个故事，也引起了大家的热烈讨论。大家分析，面对孩子偷拿项链的行为，妈妈们一般会有三种不同的教育方式。三种方式也会带来三种不同的结果：

第一种，是指责加乱贴标签式的教育。

“你简直太让我失望了，你知不知道这样做是不对的？这是小偷行为，小时候偷针，大了偷金……”

指责在一定程度上能让孩子知道自己错了，但孩子也会觉得，自己还是得到了想要的东西，下次说不定还可以这样做。而诸如“小偷”这样的标签，则会让孩子感到羞愧和自责，容易产生自己是“坏孩子”的消极心理暗示。

第二种，是放任式的教育。

如果妈妈都认为这是小事，那孩子也会觉得无所谓，这类错误有可能还会再次发生。

第三种，是体验式的教育。

如故事中所讲，事情发生后，妈妈并没有责骂女儿，而是和女儿一起回去，将项链还给摊主，并向摊主道歉，让孩子在这个过程中认识到自己的错误，并且明白犯了错就必须接受惩罚、承担责任。

毫无疑问，这种让孩子在体验中自己感受、反思、明白是非对错的方式，比简单指责、教训的效果要好得多。

最后，大家总结出这样一句话：

“与其给孩子一张冷脸，不如给孩子一份体验。”

孩子犯错，父母应该严肃地教育孩子。但是，严肃并不等同于板起脸孔。因为板脸式的教育，未必能达到理想效果，不少时候还会引起孩子抵触。

那么，针对体验式的教育，我们应该如何做呢？

比如，不少妈妈都碰到过类似的情况，自己对孩子关心得无微不至，可孩子却不会关心人，甚至在自己生病的时候都不懂得主动问候。妈妈可能会很伤心。这时，我们可以这样引导孩子：

当孩子生病时，我们在悉心照顾孩子的同时，可以跟孩子交流：

“你现在是不是特别希望妈妈陪在你的身边，关心你、照顾你？”

在认同孩子的情绪之后，进一步引导孩子：

“其实不仅仅是你，当爸爸妈妈、爷爷奶奶和你周围其他的亲人、朋友生病的时候，也同样希望得到你的关心和照顾。”

通过这种方式引导孩子，让孩子在亲身感受中去体会相同境况下别人的心情和渴求，效果远远要比单纯指责孩子好得多。

“知心姐姐”卢勤说得好：

“体验是父母送给孩子的最好的成长礼物。”

抽象的道理，孩子无法体验；僵硬的说教，更是让孩子从心理上排斥。而通过体验，让孩子以最自然的方式感悟道理，接受有益的观点，可以达到事半功倍的效果。

2. 要孩子“听话”，就得先解除他的抵触“防线”

我们都有这样的体会：当我们对某件事情、某些话带有抵触情绪的时候，就算别人说得再有道理，我们也很难听得进去。在教育孩子的时候也一样，要让孩子“听得进”，就得先解除孩子的抵触“防线”。

在孩子的成长过程中，妈妈经常会遇到类似的情况：孩子不懂得体谅父母，觉得父母不管给自己什么都理所应当，总是要这要那，别人有的自己也要有，即使超出了家庭经济的承受范围也非要不可。这时妈妈该怎么办，是狠心拒绝，还是咬牙满足孩子的要求？

有位妈妈也遇到了同样的问题：

儿子小的时候，一天和小伙伴在外面玩耍时，看到别人骑自行车，很是羡慕。于是和小伙伴商量，决定回家都要求父母给自己买一辆。

儿子知道，如果直接去求母亲，母亲肯定不会答应，于是想了个办法，趁母亲经过自己房间门口的时候，对着去世父亲的灵位说：“爸爸，如果你还在的话，我一定能有一辆属于自己的自行车。”

母亲听了之后，什么都没说，默默走开了。

第二天，儿子惊喜地发现，母亲将一辆崭新的自行车放在了他的面前。哥哥姐姐知道母亲给他买了一辆自行车，都很生气，纷纷责怪他不懂事，但他却不以为意。

没过几天，母亲交代他去代自己领工资。当接过母亲的四十元工资时，原本很高兴的他，心情一下子变得沉重起来。他没有想到，一家七口的生活，竟然每月就靠这微薄的四十元来维持，而自己居然还让母亲花了很多钱买自行车。

回家后，内心愧疚的他什么都没说，悄悄卖掉了自行车，把钱还给了母亲。

后来他才知道，让他去领工资是母亲故意安排的。

母亲告诉他：我知道你脾气很犟，如果不给你买，你不仅不能体谅家里的不易，还会因此不开心。所以用了这样的方式，让你明白给你买自行车的钱，对我们全家来说意味着什么。

儿子长大后，再次谈起这段经历时，他感慨地说，母亲这样的教育方式，比打他骂他更让他记忆深刻。一辆自行车，让他突然之间长大了，意识到自己应该懂得为母亲分担，承担起一个男子汉的责任。

这个故事，除了再一次告诉我们体验式教育的重要性外，还有一点特别值得妈妈们借鉴：

要让孩子“听得进”，就不能“硬碰硬”。

每个孩子的个性都不相同，妈妈一定要懂得分析孩子的心理，知道孩子不愿意听什么，不喜欢做什么，不要“硬碰硬”。

上面这位妈妈面对孩子不合理的要求，没有生气，也没有指责孩子，而是先退一步，去掉孩子的抵触心理，然后让孩子自己去感悟。

这样的教育方式，就是因势利导的方式，效果自然更好。

3. 与孩子共同平等讨论

在一次和妈妈交流的座谈会上，我们问了在座的妈妈一个问题：

平时是否经常会和孩子就一些他们最关心的问题或热点新闻事件进行讨论？

几乎所有的妈妈都摇摇头，其中有位妈妈的话，或许代表了大多数妈妈的心声：

“我只希望孩子能够简单快乐地成长，尽量不要去接触一些负面和阴暗的东西，所以我们平时都不让他看那些负面新闻和报道。”

实际上，有选择性地就一些事件和孩子进行讨论，对于培养孩子明辨是非的能力、积极乐观的生活态度很有必要。

有些道理，妈妈讲的和孩子自己总结出来的，效果完全不一样，后者对孩子的影响会更加深远。

一次，本书作者之一邓小兰到朋友家做客。当时电视里正在报道“马加爵事件”。我们都知道这名大学生因为一点小事连杀了四名同学，事后还镇定自若。这件事在社会上引起了轰动性的影响。

朋友正在和上初中的儿子一起看报道，看见她进去也没来得及招呼她，只是说：“你稍等一下，我们先把这个报道看完。”

于是他们三个人一起看完报道。之后，大家一起讨论，但主要由朋友的儿子发言。

朋友的儿子总结了四点：

第一，真是不可思议，马加爵居然会因为一点小事，做出这样残忍的事。

第二，他太自我，才会图一时痛快，毁了自己，毁了四个同学，也毁了几个家庭。

第三，心理素质太差，经不起一点挫折，把什么问题都看得太严重。

第四，遇到问题，千万不要走极端，可以采用其他方式来解决。

她不禁暗暗佩服朋友“教子有方”，从母子之间和谐的对话氛围可以看出这样的讨论经常进行。

朋友的儿子非常优秀，从小就是班长，处理事情很懂得分寸。不仅如此，他还把这种共同讨论的形式带到了班上，经常就同学关心的一些问题组织大家讨论。

的确，别人总结出来的观点和道理，哪怕再好，我们还是容易忘记。相反，自己总结出来的东西，就很容易记住，潜移默化地影响自己的行为。

孩子的成长包括很多方面，如心态建设、价值观形成、思维方式训练、人身安全方面的意识培养等等。如果能和孩子共同讨论，往往能达到特别理想的效果。

此外，在和孩子讨论的时候，妈妈们一定要注意以下几点。

首先，创造良好的、共同讨论的氛围。

不要用命令的口气对孩子说：

“你来说说，你对这件事有什么感想？至少总结出三点。”

这样，孩子会产生害怕甚至厌恶的心理，当孩子不能或者不愿意说出自己真正想要表达的东西时，讨论就没有任何意义。

因此在正式讨论之前，我们不妨与孩子先谈点轻松的话题，让气氛活跃起来，然后可以用比较随意的口吻对孩子说：

“孩子，你怎么看这件事呢？”

孩子的心情放松时，对问题的思考就会更加充分。

其次，不要直接否定孩子的观点。

有的妈妈一听孩子的观点不对，就会马上否定：

“你怎么能这么想呢？”

“你这么说是不对的！”

这样的态度会让孩子不敢开口表达，反复几次，孩子就会对讨论失去兴趣，甚至反感和排斥。

即使孩子的观点不正确，妈妈也不妨先听孩子说完，然后再说：

“嗯，总结得不错，像你刚才提到的观点，连我都没有这样想过呢。只是有一点，妈妈跟你的看法稍微有点不同，要不你也帮妈妈分析一下，看有没有道理……”

这时，妈妈再提出正确的观点和孩子讨论，孩子会更容易接受。

再次，不要刻意回避一些你认为比较敏感，但有助于孩子成长的重要话题。

比如早恋、孩子的青春期问题等等。其实，他们既感到这些方面神秘，也想有更多了解。我们不妨听听孩子的真实想法，有针对性地和他们探讨。

最后，不要抢先表态。

讨论的最终目的，是让孩子自己思考和总结，妈妈只要在旁边适当引导即可，这样才能达到最好的效果。

如果妈妈一开始就将自己的观点强加给孩子，不允许孩子有不同的意见，不仅容易挫伤孩子的积极性，而且会让孩子变得懒于思考。

和孩子共同讨论，不仅能让孩子有被重视的感觉，更能让孩子在思考和总结中锻炼明辨是非、善恶以及处理各种问题的能力。

另外，妈妈可以针对自己比较担忧的、孩子可能遇到的一些问题和孩子一起讨论，共同总结出一些有效的经验和方法。

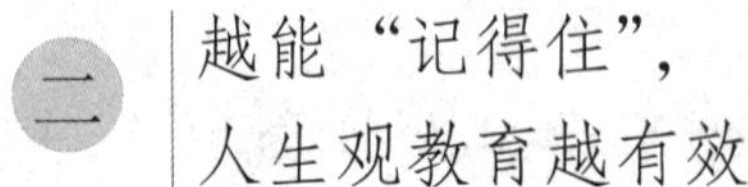

二 越能“记得住”，人生观教育越有效

这是为了避免人生观教育浮于表面。只有孩子记住了，才不会重复犯错，并且将其变成行为的准则和规范，清楚地知道什么可以做，什么绝对不能做。

1. 学会让“主题鲜明”

不少妈妈都曾有过这样一种很不愉快的体验：给孩子讲了一大堆，似乎面面俱到，结果孩子听得云里雾里摸不着头脑，甚至产生厌烦情绪。

这时候，妈妈一定要明白：要让孩子记住，就必须让“主题鲜明”，突出你强调的是什么。

曾任谷歌、微软全球副总裁的李开复从小就很聪明，五岁时就已经“跳级”考上了小学。这让他觉得很骄傲，每次父母的朋友到家里来，他都忍不住要告诉他们自己有多聪明、多厉害。

有一次，他对一个来家里做客的阿姨说，自己虽然只有五岁，但已经读小学了，而且是以第一名的成绩考进去的。阿姨听了，自然免不了夸赞他一番，然后问他上学后的成绩怎么样。

李开复骄傲地回答说：

“除了一百分，我连九十九分都没见过呢！”

没想到，他刚夸了海口，第二个星期考试李开复就只得了九十分。拿到成绩单后，李开复的妈妈二话没说就拿出竹板打了他一顿。

李开复很不服气，哭着问妈妈，自己成绩不错，为什么还要挨打？

“打你是因为你骄傲。你说‘连九十九分都没见过’，那你就给我每次考一百分看看！”

因为妈妈说得有道理，李开复承认了错误。妈妈又对他说：“你要改掉自夸的毛病。只有别人出自真心的夸奖，才值得你高兴。谦虚是中国人的美德，自夸是要不得的。”

李开复听了，认真地点点头。妈妈看他态度不错，也就不再继续追究，而是换了一种温和的口气问他：“要不要躺在我怀里看书？”（李开复小时候最喜欢的事情就是躺在妈妈怀里看书。）

后来，在谈到这件事的时候，李开复说：“这一次的处罚我会永远记得——谦虚是中国人的美德。”而这也成了他以后为人处世的一个重要准则。

要让孩子记得住，我们不妨学学李开复母亲的做法，归纳起来有四点：

① 每次只说一个主题。

主题越杂乱，越没有重点，孩子理解起来就会越困难，吸收的东西自然就会少。

② 语言精练。明确你所强调的是什么。

在惩罚李开复的过程中，母亲的话总结起来就是三句：表明李开复受惩罚的原因——“打你是因为你骄傲”；指出李开复做得不好的地方——“自夸是要不得的”；告诉李开复以后改正和努力的方向——“谦虚是中国人的美德”。

上述三句话其实强调的是一个主题：要谦虚，莫骄傲。言简意赅。

③ 如果方法特别，效果可能会更好。

李开复的母亲为了让他改掉骄傲的毛病，采用的方法可谓与众不同：李开复明明考得不错，却受到惩罚，连李开复自己都觉得委屈，但接着母亲清楚地解释了为什么要惩罚他。

正是这一次看似出乎意料、实则合情合理的处罚，让李开复懂得了谦虚的美德是何等重要。

④ 向已经知错的孩子，表达自己对他的爱不会因此减少。

孩子在认识到自己的错误后，往往会感到内疚和自责，同时担心父母会因此而对自己失望，不再爱自己。

李开复的母亲最后以一句“要不要躺在我怀里看书？”结束了这次惩罚教育，让李开复在认识到自己的错误的同时，仍然感受到母亲的爱，这也能更加促使他下决心改掉骄傲的毛病。

2. 以生动的形象说话

人生观教育，难免会涉及一些“大道理”。这让很多妈妈都觉得为难：如果照本宣科、人云亦云，孩子没兴趣听，更不用说记得住了；如果不说，又不利于孩子的成长。

遇到这种情况，妈妈们不妨试试“以生动的形象说话”这一方法。和空洞的道理相比，生动的形象更易于为孩子接受。

美国著名女演员索尼亚·斯米茨上小学时，有一天回家后非常委屈地向父亲哭诉，班上有个女孩说她长得丑，跑步的姿势也很难看。

父亲听了之后，没有急于安慰女儿，而是微笑着问她：

“宝贝，你相不相信爸爸可以摸到我们家的天花板？”

父亲的话引起了索尼亚的好奇，她停止了哭泣，抬头看了看高高的天花板，然后摇了摇头说："我不相信。"

父亲对她说："是的，你不相信，而我也的确摸不到。有时候别人说的并不是事实，所以，你也不要把那个女孩的话当真。"

父亲的话让索尼亚不再难过，也让她明白了一个重要的道理：不要太在意别人说什么，因为别人说的，未必是真的。

面对伤心的女儿，如果父亲只是简单地告诉她"别人说什么并不重要，重要的是你要有自己的判断，这样才不会轻易被别人的言行左右自己的情绪和人生"，小索尼亚可能根本理解不了，也化解不了自己的伤心情绪。

而索尼亚的父亲运用"天花板"这一生动的形象做比喻，使很难讲明白、讲清楚的"大道理"，一下子变得简单易懂，让索尼亚因此受益终身。

3. 让孩子体会"一句话点亮人生"

孩子在成长的过程中，有时很顺利，但有时却会因为各种各样的原因不那么顺利，他们或遭遇挫折，或遭遇某个瓶颈需要突破。

这时，就需要妈妈在关键的时候，用关键的话"点亮"他们的人生。

小时候，他在别人眼里是不可能有任何出息的孩子。六岁时母亲去世后，他开始跟随祖母生活。因为家中贫困，他不得不一次次搬家，学校也换来换去，成绩总是排在倒数。同学都嘲笑他。

他很想改变这种状况，也曾非常努力地学习，但却没有什么起色。这让他感到自卑。

这样的成绩，要上大学自然很困难。一天，他在公园里看到一群小孩正在玩高尔夫，不由得被吸引，于是也参与进去，没想到居然连续十杆都打进了洞。

回到家，他忍不住兴奋地跟祖母分享了他第一次成功的喜悦，并且自己动手制作了球杆，每天在门口的草坪上勤奋练习。

一直为孩子未来担忧的祖母，突然发现孩子并不是一无是处，于是便将他送到佛罗里达州一个职业中学去学习。

在学校报名后，祖母问他是否想去看一场顶级的高尔夫球比赛。他自然求之不得。于是祖母便和他一起坐地铁前往运动场。由于人太多，他们等了好几趟才等到有座位的地铁。

然而刚上车，祖母却告诉他，自己的包忘在学校了，让他独自坐地铁去运动场，到时她会在运动场的门口等他。

他觉得祖母是在开玩笑，他比祖母先出发，祖母怎么可能比他先到运动场？

让他吃惊的是，等他到运动场门口时，居然发现祖母真的在那里等他。

祖母告诉他，自己是走路过来的，因为学校和运动场只隔了一座山，走路的话直接从山脚下拐个弯就到了，坐地铁反而绕得远，时间长。

接下来，祖母对他说了一番意味深长的话：

“采取哪种形式并不重要，重要的是到达目的地。同样的道理，你在学习上没有天赋，并不代表你在其他方面就不能做出成绩。都是去运动场，坐地铁看起来更快，但实际上走路只要拐个弯就能捷足先登。”

“拐个弯就能捷足先登”，祖母的话，极大地鼓舞了他。他欣然接受了祖母的安排，在职业中学里选修了高尔夫专业。天赋加上勤奋，让他很快在高尔夫赛场上脱颖而出。

这个曾经不被人看好的“笨小孩”，就是美国著名高尔夫球明星吉姆·福瑞克，他曾先后获得八个美国高尔夫球锦标赛冠军，也曾荣膺年度美国职业高尔夫球协会最佳球员。

当别人都不看好他的时候，祖母却发现了福瑞克的天赋，并在关键时刻用一句“拐个弯就能捷足先登”，帮助他树立了自信，找到了努力的方向。

祖母的一句话，之所以能够对福瑞克产生巨大的影响，有几点很重要：

第一，时间很重要。祖母说这句话时，恰好是福瑞克有强烈改变和突破自己的愿望，但又不知道该怎么做的时候。

第二，铺垫很重要。祖母没有直接告诉福瑞克要怎么做，而是通过自己走路比福瑞克更快到达目的地这一铺垫，让福瑞克自己先有所感悟。

第三，语言出彩，要让人一下记住其中的哲理，并在心灵上有所触动。

祖母没有告诉福瑞克一堆大道理，只用一句“拐个弯就能捷足先登”触动了福瑞克的心灵，让他意识到高尔夫球可能是最适合自己的，并心甘情愿地为之付出努力。

这样的教育，哪能让人记不住呢？

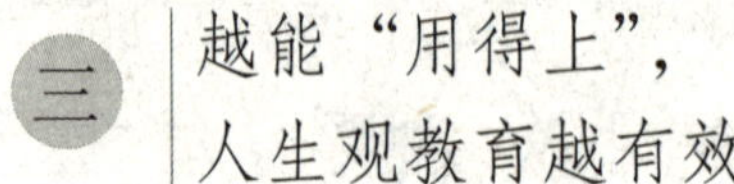

三 越能“用得上”，人生观教育越有效

对孩子人生观的教育，最终都要落实到孩子的一言一行中。因此越有操作性，孩子越能“用得上”，效果就会越好。

1. 不要让孩子无所适从

简单地说就是要清晰、准确地向孩子传达倡导什么、反对什么，要有统一的标准，不能模棱两可。

德国著名早期教育专家老卡尔·威特曾经在书中谈到这样一个故事：

> 有一次散步的时候，他看到邻居史密斯太太因为女儿弄脏了裙子，于是厉声责骂她的女儿。但看到女儿开始大哭，她又马上给了女儿一块小点心。
>
> 他忍不住问史密斯太太：“你为什么要责骂女儿？”
>
> “因为她老是弄脏裙子。”史密斯太太回答说。
>
> “那你为什么又要在她哭的时候给她一块小点心？是对她弄脏裙子行为的奖励，还是对她受到责骂的补偿？”

史密斯太太顿时被问得哑口无言。小女孩显然已经被弄糊涂了，她不知道自己弄脏裙子的行为到底对不对，如果对，妈妈为什么要责骂她？如果不对，妈妈为什么又会给她小点心？

史密斯太太这样的做法，会让孩子陷入混乱，无法了解父母的真正意思。这对于孩子的成长是非常不利的。

所以，妈妈一定要清楚地告诉孩子什么可以做，什么不可以做。还有些原则和底线妈妈可以提前告诉孩子，如不能抽烟，不能喝酒，任何时候都绝对不能沾染毒品……

当孩子心中有了明确的行为准则，遇到相应的事情，就会知道用什么方法和态度去面对，避免犯错，少走一些弯路。

2. 少一点指责，多一点指导

指责和指导的最大区别在于：前者重在责备，后者重在用具体的方法引导。指责还是指导，效果完全不一样。

著名作家钱钟书小时候因为“笨”而常常被嘲笑。

他痴迷于阅读各种课外书籍，但他的生活能力很差：分不清东南西北，经常找不到家在哪里，穿衣服分不清前后，上体育课因为分不清左右经常闹笑话。不仅如此，他的数学、化学、物理成绩都很差，有时甚至会考零分。

钱钟书也不愿意这样，他很努力地想要改变，但却没什么效果，于是只好向父亲求助。父亲听了很生气，觉得他连最简单的事都做不好，实在太没出息，说了他一顿。

这让钱钟书很伤心也很委屈。这时候母亲走进来，轻轻擦掉他脸上的泪水，然后什么都没说就出去了。

第二天，母亲将一张画好的地图交给钱钟书，上面清楚地标有学校和家的具体位置，沿途道路和商铺也被母亲细致地标了出来。

母亲还教他怎么穿衣服，怎么分清前后左右，为了更方便钱钟书记住，母亲还将做事的要点详细地写在了纸条上。母亲还带他去学校，跟老师说明情况，请老师对他多一点耐心和关照。

在母亲的帮助下，钱钟书有了很大的进步。十九岁时，钱钟书被清华大学破格录取，二十五岁时到英国牛津大学留学。后来，钱钟书相继出版了《写在人生边上》《围城》等著作，成了中国现代著名的作家、文学研究家。

在钱钟书这个案例中，父亲对钱钟书的教育方式以指责为主，而母亲则以指导为主，毫无疑问，指导的效果要远远好于指责。

指导的关键，是不仅要指出孩子的缺点和不足，更要告诉孩子用什么方法改进。像钱钟书的母亲画地图、写纸条等，都是具体且可操作的方法。

3. “标杆”一定要亲近可学

在孩子成长的过程中，“标杆”非常重要。一个合情合理的“标杆”，能有效激发孩子的动力，引导孩子不断向上。

但如果没有掌握方法，乱立“标杆”，不仅起不到积极的作用，反而会激起孩子的逆反心理，比如：

妈妈：“你瞧瞧人家小峰，你怎么就不能学学他？你要是有小峰一半好，我也就心满意足了。”

儿子：“小峰小峰，整天就是小峰，你干脆让小峰当你的儿子吧！”

说完，儿子怒气冲冲地走进自己的房间，砰的一声将房门关上。

这就是立“标杆”失败的后果。

那么，妈妈应该如何给孩子树立“标杆”呢？

① 不是简单比较，而是要让孩子先产生认同感。

如果妈妈简单地将儿子和周围的孩子做比较，很容易伤害孩子的自尊心和自信心，让孩子觉得自己处处不如别人，适得其反。

但如果妈妈换一种方式，效果就会大不一样：

“其实小峰曾经和你一样，数学成绩也不是很好，但是通过努力，他的数学成绩提高很快，我相信通过努力，你也可以做得和他一样好。

“小峰在学习的过程中，一定积累了很好的经验和体会，不如我们一起去找他聊聊，看他都是怎么做的，有哪些经验是值得你学习和借鉴的。”

这样做的好处有两点：

首先，让孩子对“标杆”产生认同感，无形中消除孩子的对立情绪和觉得自己不如别人的潜在不安，给孩子信心，让他觉得尽管小峰现在很出色，但原来也和自己一样，只要努力，自己也可以做得和他一样好。

其次，让孩子找到努力的着力点。通过让孩子和“标杆”近距离接触，甚至成为朋友，让孩子学到实实在在的经验，并且在实际学习中加以运用。

②“标杆”一定要有可模仿性，或通过努力是可以达到的。

很多妈妈习惯用一些“大人物”给孩子做“标杆”，但有时候，如果方法不得当，“大人物”不仅起不到“标杆”的作用，还有可能引起孩子的反感。

一位父亲对孩子说：“华盛顿像你这么大的时候……”

话还没说完，孩子就不耐烦地说：“华盛顿像您这么大的时候，已经是总统了。”

这就是乱立“标杆”的一个典型例子，尽管华盛顿是大人物，但这种立“标杆”的方式是很空洞的，对孩子并没有实际的指导意义。

那么妈妈该怎样用伟人为孩子树立“标杆”呢？

首先，妈妈一定要找出伟人和孩子之间的共性，让孩子明白，原来伟人做的事情我也可以做到。这样才能对孩子产生真正的激励作用。

比如一些孩子不屑于做家务，认为那些都是小事情，那么这时候妈妈不妨用美国前总统艾森豪威尔的故事来给孩子树立“标杆”：

艾森豪威尔七八岁的时候，有一段时间，弟弟生病了。妈妈忙不过来，于是把艾森豪威尔叫到面前，郑重地交给他一件“大事”。他非常兴奋，心想是什么大事呢。

原来妈妈交给他的“大事”是给全家人做饭。尽管艾森豪威尔从来没做过饭，但还是很高兴地答应了。

刚开始时，艾森豪威尔的饭做得很差，但他还是坚持着做下去，因为如果他不做饭，全家人都会没有饭吃。

慢慢地，他做得越来越好。

尽管做饭是一件小事，但通过做饭，他真正懂得了什么是责任，这对艾森豪威尔的影响是终身的。

通过这个故事，妈妈可以告诉孩子：“你看，总统小时候也要自己做饭，那你是不是也可以帮妈妈分担一些家务呢？”

相信孩子会很容易接受这样的“标杆”：原来总统也是这么做的，那我也一样可以这么做。

第七章　好方法让孩子学会负责

本章提要

一个孩子将来会不会成功，首先要看他有没有责任感。

但当今不少孩子缺乏责任感，这是一个不容忽视的现实。而这与不少妈妈不正确的爱与不正确的教育方式密切相关。

如何教育孩子，提升他的责任感，是摆在妈妈们面前十分重要的课题。

一 “替孩子等于害孩子”——妈妈，请别代替孩子解决问题

因为爱孩子，一些妈妈往往把该孩子做的事情自己做了，把该孩子承担的责任也都承担了，其结果不仅自己累，孩子也未必能得到该有的成长。

孩子的肩膀是用来承担责任的，孩子的脚是用来走自己的人生之路的。明白了这一点，作为妈妈的你，就不该替孩子解决本应他解决的问题。

请记住“知心姐姐”卢勤的名言：

“替孩子等于害孩子。”

1.“假如你要培养伤人伤己的孩子，就让他没有责任感”

一天，热线电话突然响起，本书作者之一邓小兰刚拿起电话，那边就传来一位母亲绝望的声音：

“您救救我吧，我活不下去了，孩子进监狱了。”

在近两个小时断断续续的谈话中，邓小兰大致明白了事情的来龙去脉。

这位女士姓王。儿子今年十九岁，三代单传，从小就被全家人当作手心里的宝。尽管家里并不富裕，但只要孩子想要的，王女士都会想尽一切办法满足他。

在这样的环境中长大，孩子变得很骄横、很自我，稍不如意就会大发脾气。

有件事让王女士一直记忆犹新。

有一次她生病发高烧，因为丈夫出差了，她就没去医院，请假在家里躺了一天。儿子放学回来看她没有做饭，很不高兴。

她怕儿子饿着，就让他自己做点吃的，于是儿子去泡了碗方便面，也没问她饿不饿，要不要吃点东西。

后来她身体实在难受，就给了孩子五十元，让他到附近的药店去给她买点药。从药店到家不过十分钟的路程，但是一个小时过去了，仍不见儿子的踪影。两个小时后，儿子还是没有回来。

她生怕儿子出事，于是硬撑着下了床。当时正是寒冬腊月，天寒地冻，她在大街上整整找了一个小时，才在一家网吧里找到了正在玩游戏的孩子。

看着既生气又伤心的妈妈，儿子却满不在乎地说：

“我不就玩了会儿游戏嘛，有什么大不了的！”

尽管如此，她还是安慰自己：孩子还小，不懂事，等长大就好了。

然而，随着孩子一天天长大，情况却并没有好转，孩子开始逃学，偷家里的钱去网吧，整天跟一帮小混混儿待在一起。前一阵子因为打架，他将别人打成重伤，结果进了监狱。

王女士的经历引起了我们的思考。一方面，我们理解她作为母亲的痛苦和绝望；另一方面，我们也为孩子的自私冷漠感到惊讶：我们无法想象，当生病的母亲躺在床上等着他买药回去的时候，他怎么能够心安理得地坐在网吧里玩四个小时！

反观她教育孩子的过程，我们不难发现：她肯定也是期望自己的孩子生活幸福，也对别人有价值。但遗憾的是，她所采取的教育方式，令结果背道而驰。

我们不由得想起在媒体上看到的一则报道：

> 湖南省湘潭市八个年纪差不多大的男孩结伴去河边玩，其中一个不会游泳的小男孩不小心掉进了河里，在他挣扎着呼喊“救命”的时候，另一个会游泳的小男孩立刻跳进河里去救自己的小伙伴。
>
> 等到他把不会游泳的小男孩救上岸后，自己却因为体力不支游不上来了，于是在河中挣扎呼救。而这时，在岸边的七个小男孩包括被他救上岸的那个都没有去拉他一把，或是找人来帮忙，就这样眼睁睁地看着他一点点在河中沉没……
>
> 然后，七个男孩若无其事地回了家，甚至没有向家长提及这件事。

事情披露后，记者问这七个男孩为什么不救自己的同伴，他们的回答居然是：“怕承担责任。”

后来，中国社会调查所在北京、上海、湖南、广州等地对千名公众就这件事进行了问卷调查。当问到“你认为当今青少年的责任感如何”时，绝大部分人都表示“没有责任感”。

这样的事件确实让人震惊，但我们对这些孩子的冷漠感到不可思议的同时，也不得不反思，我们对孩子的责任感教育是否已经刻不容缓？

苏联著名教育家苏霍姆林斯基讲得好：

“假如你要培养伤人伤己的孩子，就让他没有责任感。”

孩子的责任感不是天生的，而是需要在做事的过程中逐渐培养。如果从小替孩子包办一切，就等于无形中剥夺了孩子承担责任的能力。久而久之，不仅不利于孩子发展，反倒有可能给家庭与社会带来伤害。

缺乏责任感的孩子，就如同得了“软骨病”，是不正常的孩子。妈妈不要以自己不恰当的爱，让自己的孩子患上“软骨病”！

2. 责任感，从战胜对你的依赖开始

既然责任感的缺失会给孩子的成长带来很大的负面影响，那我们到底该如何培养孩子的责任感？

最简单也是最根本的一点，是让孩子战胜对你的依赖。

上学时间快到了，可孩子的书包还没有收拾；每当做作业时，孩子不是“这道题我不会做”就是“那道题我不知道怎么写”；出门时，孩子连张地铁票都不会买……

类似这样的情景，在生活中并不少见。

因为孩子知道：书包不收拾，妈妈会帮我收拾；作业不会做，妈妈比我还着急；出门什么都不用操心，一切都有妈妈准备……因为知道妈妈不会不管，所以即使自己不负责任也没有关系。

要让孩子战胜依赖心理，我们要学会鼓励孩子自己去面对。

著名作家毕淑敏曾经写过这样一件事：

一天，毕淑敏看到上中学的儿子有点异样，就习惯性地摸摸他的头，结果发现儿子发烧了。

她刚想去找体温计，但突然停住了，想起因为自己当过多年医生，以往孩子生病，一般在家里就治了，儿子几乎没去过医院。于是她对儿子说：

“你都这么大了，得学会生病。”

看儿子有些吃惊，她解释说：“意思是你得学会生病以后怎么办。”

“我知道该怎么办，找你。”儿子显得胸有成竹。

“假如找不到我呢？”

“那就找我爸。”

“假如你也找不到你爸呢？”

尽管她觉得这样问正在生病的儿子有些残忍，但她知道总有一天儿子要独自面对疾病。作为母亲，她应该早一点教会他应对生病。

儿子似乎明白了她的意思，于是问她今天是不是要让他独自去医院看病。

她咬着牙点点头。儿子想了想，答应了。

接着，她把去医院的流程详细地跟儿子说了一遍，包括去哪个医院、怎么挂号、去哪个科、怎么交费、化验时要注意什么……

尽管身体不舒服，儿子还是很认真地听着，怕记不住，还特意拿了支笔将这些都记在了纸上。

从儿子出门的那一刻起，她就开始担心和后悔，觉得自己是不是太狠心，在儿子生病的时候这样对待他。

但她也知道，凭借多年的行医经验，儿子只是患了普通感冒，如果真的要让儿子学会应对生病，这无疑是最好的时机。

漫长的两个小时过去了。儿子终于回来了，他骄傲地宣布，自己已经学会了生病，打了退烧针，感觉好多了。看病虽然是件挺麻烦的事，不过也没有什么。接着他又补充说：“我记的那张纸，有的地方顺序不对。”

她看着满脸自豪的儿子，放心不少。她知道磨炼孩子的过程，也是磨炼自己的过程。

在文章的最后，毕淑敏这样写道：

孩子，不要埋怨我在你生病时的冷漠。总有一天，你要离我远去，独自面对包括生病在内的许多苦难。我能帮助你的，就是提前向你口授一张路线图。它也许不那么准确，但聊胜于无。

在这个案例中，我们不难发现，孩子对妈妈的依赖是一种天性，不仅是生病，遇到其他很多问题的时候，孩子第一个想到的都是找妈妈解决。

假如妈妈不主动帮孩子战胜这份依赖，它就可能一直存在下去，并成为影响孩子独立的一种障碍。

毕淑敏的做法，有三点特别值得我们借鉴：

① 锻炼孩子独自面对的能力，要选择一个恰当的机会。

在这个案例中，尽管儿子生病了，但却是不太要紧的普通感冒，选择这个时候让他“学会生病”，是个不错的时机。

② 要有一个良好的心态。

就像毕淑敏说的那样，在磨炼儿子的过程中，也在磨炼自己。战胜孩子的依赖，要改变的不仅仅是孩子，更是妈妈。只有这样，孩子才能够获得成长。

③ 事先对孩子进行必要的指导。

对于第一次自己去医院的儿子，毕淑敏并没有直接放手让他去，而是将去医院的流程和需要注意的事项对孩子做了详细交代。这样，既做到了放手让孩子去闯，也对孩子进行了有效的指导。

3. 自己的事自己做，自己的苦自己吃

不管我们有多好的条件，孩子的事情也要让他自己做。

不管我们有多爱孩子，孩子成长中该经历的苦，也一定要让他自己经历。

著名歌手杨光，曾因获得《星光大道》年度总冠军而一举成名。二〇〇八年北京残奥会上，他除了和刘德华等明星合唱外，还演唱了自己创作的歌曲《欢聚北京》，他的成名曲《我是阳光》感动了无数人。

杨光能取得这样的成绩，和他妈妈对他的教育密不可分。

杨光出生于哈尔滨一个普通工人家庭，八个月时因为视网膜母细胞瘤而双目失明。

尽管这样，母亲付红从小就像对待正常人一样对待和要求儿子。从杨光三四岁开始，付红就让他自己穿衣、穿鞋、上厕所。

走路的时候，付红也不让他用拐杖，但她会给儿子描述周围环境的特征，以及去不同的地方（如厕所、超市）应该往左走还是往右走，大概需要走多少步。

从杨光五岁开始，付红就有意识地教他做一些家务，包括洗菜、切菜等。刚开始切菜，杨光切得很慢，厚薄不均，常常一不小心就切到了手。

杨光的奶奶很心疼，忍不住责怪付红。但付红却说，我们不能一辈子跟孩子在一起，我希望孩子将来即使没有我们，也能生活得很好。别人能做的，他也能做到。刚开始不熟练没关系，多练习就会越来越好。

付红还对杨光说，人只有不怕苦不怕累，才能做成事。如果你能学会切菜，那么别的也能学会，将来还能做更大的事。

在妈妈的鼓励下，杨光不仅学会了切菜，做饭、洗衣服这些对他来说也没有任何问题，他完全可以像普通人一样自己照顾自己。

在《星光大道》的总决赛上，杨光最终以一首《你是我的眼》夺冠。他说这首歌是唱给妈妈的，因为“妈妈就是我的眼睛，是我生命中的阳光，她照亮了我的人生”。

对于每一个孩子，自己的事自己做，自己的苦自己吃，都是学会独立和负责的最好途径。

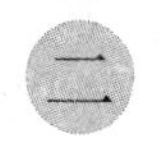

“没有任何借口”——让孩子对自己的所作所为负责

很多妈妈都有这样矛盾的心理：一方面希望孩子有责任感，另一方面当真的需要孩子承担责任的时候，却又不忍心、不舍得让孩子“遭罪”，结果还是什么都替孩子背着、扛着。

要想让孩子学会对自己的行为负责，就得以“没有任何借口”来要求自己和孩子。

1. 一次“不护短”的行为，就可能让孩子瞬间长大

当孩子出现不恰当的行为时，不管是有意还是无心，都要让孩子认识到自己的错误，并承担相应的责任。很多时候，一次“不护短”的行为，就可能让孩子瞬间长大。

《都市快报》曾刊登过一组系列报道：

杭州一个小区十一辆私家车被石头划伤，逐一被打上了“√”和“×”。从警察调取的小区监控视频上看，肇事者是两个小男孩，但却辨认不出来是谁家的孩子。

事情发生后的第二天中午，一位妈妈给派出所打来电话，说划车的是她十岁的儿子，他们夫妻愿意为孩子所做的事情承担一切后果。孩子划车本是出于好玩，在意识到事情的严重性后，他诚恳地向妈妈认了错。

当天晚上，这位妈妈和丈夫一起，在小区每幢楼的每个楼道口都贴了一张署名为“深感歉意的孩子家长”的致歉信，语气非常诚恳。

接着，妈妈又带着儿子挨家挨户登门向被划车辆的车主道歉，其中一些车主还收到了小男孩自己做的小礼物：一只小纸船，船上写着“对不起”三个字。

面对这位妈妈和孩子的举动，原本都很气愤的车主表现出了宽容。在取得车主的谅解后，孩子的妈妈又积极与受损车主沟通修理赔偿事宜，其中大部分车被送到维修厂进行维修，还有七八位车主表示愿意自己维修。

孩子犯了错误，母亲自始至终既没有偏袒，也没有推卸责任，而是和孩子一起面对，最终圆满解决了这件事。

有当事车主表示，发生这样的事情，不是每位家长都能处理得这么及时、妥善，孩子妈妈这种敢于担当的做法，让人敬佩。

的确，孩子的担当，来自父母是否敢于担当，以及是否敢于让孩子担当。

在这个案例中，妈妈两点都做到了：

第一，当得知孩子就是肇事者后，这位妈妈立即向派出所说明了情况，表示愿意承担所有责任；她告诉孩子这么做为什么不对，让孩子认识到错误。

第二，她不是简单让孩子感到内疚和自责，而是让孩子以挨家挨户向受损车主道歉的方式，承担自己应负的责任。

通过这样的教育方式，相信孩子一辈子都不会忘记，更加懂得要为自己的言行负责。

2. 事前提醒事后骂，不如一跤摔醒他

有时候，尽管我们事先一再提醒，事后又苦口婆心地教育，但效果却并不明显，孩子还是照样犯错。

对于这种情况，我们与其“零敲碎打”，不如对孩子采取既不提醒也不帮忙的方式，让孩子在接受惩罚中学会成长。

“知心姐姐”卢勤曾经谈到“全国优秀家长”王晶教育女儿黄思路的故事。

黄思路出生于福建福州，是第四届全国十佳少先队员、宋庆龄奖学金获得者，曾入选“中国少年榜”，获得华兴青少年奖励基金奖。黄思路的母亲王晶是福建师范大学外国语学院的院长助理，曾被评为“全国优秀家长”。王晶曾经给卢勤讲了几个怎么提升女儿责任感的故事。

> 黄思路小学快毕业时，她负责的一笔为特困生捐款的现金少了两百元。老师知道后，对黄思路说算了，反正受捐助的同学小学也快毕业了，捐款的目的已经达到了。
>
> 但王晶坚决反对，她要求女儿把漏记的账目补记上，如果补不上就自己垫钱赔偿差额。由于时间长了，有些支出黄思路实在想不起来，黄思路只好自己垫上差额。
>
> 王晶说，孩子长大后如果在工作中出现这样的差错，也是必须承担责任的。通过这次垫款，能让孩子提前接受教训，避免将来出现更大的差错。
>
> 从那以后，王晶要求女儿每天记账。尤其上中学之后，由于各项花销开支加大，王晶给女儿规定如果迟一天记账，就罚她十元钱。这样一来，不管再忙再累，黄思路每天都会认认真真记账。
>
> 还有一次，因为学习紧张，黄思路有段时间每天晚上都睡得很晚，早上又想提前半个小时起床早读。但每天闹钟响了之后，她总是

赖床又睡了过去，闹钟也就成了摆设，如果妈妈不叫她，上学还得迟到。

为此，王晶让女儿将闹钟设定推迟半个小时，按正常时间起床。但女儿不愿意，保证说第二天能早起，结果却还是起不来。

于是王晶告诉女儿，既然闹钟起不了作用，那就别用了，自己也不会再叫她起床，并且没收了闹钟。

失去了闹钟，妈妈也不再负责叫醒，黄思路早上变得很警醒，听到一点动静就马上醒来，生怕睡过头。过了几天，王晶将闹钟还给了女儿，这样一来，女儿就能按时起床了。

对于孩子一些老是改不掉的毛病，我们可以学习王晶的做法，让孩子吃点“苦头”，先用惩罚措施，比如每天不按时记账就罚款十元钱、不按时起床就自己去承担迟到的后果等，来促使、帮助孩子养成负责的好习惯，并最终让好习惯变成一种自主行为，就如黄思路一样，到后来不管每天多忙，都不会忘记记账。

3. 学做选择题，事半功倍

不管做什么，我们都不要轻易替孩子做选择和决定，否则孩子容易有这样的心理：既然是妈妈做的选择，结果当然也应该由妈妈来负责，和自己没有多大关系。

反之，如果是孩子自己做的选择，那么无形中就有了一种约束，自己要为结果承担责任。

新东方创始人之一徐小平是这样处理儿子的选择烦恼的。

有一次，他的大儿子要去参加学校的社团活动，但又有朋友叫他出去玩。儿子两边都想去，不知道怎么选择，于是问徐小平该怎么办。

徐小平其实心里早有答案，因为儿子先答应参加社团活动，应该去社团。但他并没有替儿子选择，而是问儿子：

“你对哪边的承诺在先？对哪边负有责任？”

儿子想了想，最终选择去参加社团活动。

在徐小平看来，父母不可能陪伴孩子一辈子，长远来看教给孩子方法比告诉孩子答案要重要得多。

的确是这样，让孩子学做选择题，能够让孩子更清楚地了解不同选择的利弊和将要承担的责任。

很多时候，孩子做事冲动，不计后果，老是犯同样的错误，最根本的原因是他知道不管做了什么，父母都会替他承担责任。

而让孩子学做选择题，能够有效培养孩子的结果思维，知道一旦做出选择，就得为其所产生的结果负责。这样的方法，可以帮助妈妈解决不少问题。

比如，儿子吵着要买一双价格不菲的名牌运动鞋，理由是很多同学都有。但这笔开支并不在家庭预算之内。

面对这种情况，妈妈可以告诉孩子，这笔开支不在预算之内，并且给孩子两种方案：

第一种是选择买，条件是从你每个月的零花钱中扣掉一百八十元，也就是说，从今往后的八个月内，你每个月只能拿到二十元钱的零花钱。

第二种是不买，你每个月还是可以得到两百元的零花钱。

对于这两种方案，大多数孩子还是会选择第二种。这样既没有额外增加家庭的开支，又让孩子通过自己的选择，找到了解决问题的方案。

要孩子学会“心理断乳”，妈妈先得“心理断乳”

或许妈妈会觉得奇怪，只听说孩子要“心理断乳”，哪有妈妈需要“心理断乳”的？

这是因为我们只看到孩子对父母的依赖，却没有意识到父母其实对孩子同样有依赖。

孩子小的时候，什么都依赖妈妈，这种美好的感觉每个妈妈都喜欢，甚至在潜意识中希望这种感觉能长久地保持下去。

因此当孩子有了独立意识，特别是到了青春期的时候，妈妈就会感到失落，觉得孩子不像以前那样需要自己了。一个想要独立，一个却下意识地排斥这种独立，于是矛盾和冲突也就随之而来。

只有妈妈尽早完成“心理断乳”，孩子的独立性和责任感才能培养起来。

1. 教育的目标，是让孩子能够脱离你而成长

当孩子做作业的时候，你会不会将电视的音量调小？

相信问一百位妈妈，九十九位妈妈都会回答：会。

然而有个人却不会，而他培养出来的孩子，非常优秀。这个人就是著名

的畅销书作家刘墉。

刘墉对儿子刘轩的教育方法一直都很“严厉”，甚至有些“不近人情”。

刘轩小的时候，晚上做作业，刘墉就在外面看电视，而且把音量开得非常大。刘轩被吵得没办法，于是不高兴地向爸爸提出抗议。

但刘墉对此却丝毫不理会，反而理直气壮地对儿子说：

“我现在可以为你把音量调小，但将来你到了社会上，谁会为你把音量调小呢？”

正因为刘墉处处有意识地将孩子当作一个“社会人”来培养，儿子刘轩从小就表现得很出色，后来成为哈佛大学的博士，并出版了好几本书。

我们不一定要效仿刘墉的做法把电视音量调大，但他教育孩子的这种理念，却值得我们深思。

我们培养孩子的目的，是为了让孩子最终能脱离我们而成长，让他在迈入社会后，能够迅速融入和适应社会，成为一个独立自主，为自己、为社会负责的优秀“社会公民”，而不是让他一辈子待在父母的庇护下和家庭的温室中。

“家庭人”和“社会人”的角色是完全不同的：“家庭人”可以处处依赖父母，而“社会人”则必须为自己所做的每一件事情负责。

将孩子培养成为合格的公民、优秀的“社会人”，这是教育的责任。培养孩子成为“社会人”的角色不能等进入社会后才去进行，越早培养越好，这样孩子将来适应社会、融入社会的时间就会大大缩短。

2. 关心有时恰恰体现为“狠心”

如果我们对孩子过于关心，每一件事都替孩子去想、去做，那么孩子的责任感就很难培养起来。

为了促使孩子独立自主地成长，有时候我们需要通过“不关心”甚至是“狠心”来表达关心。

本书作者之一吴甘霖出生在农村，十六岁考上大学之前，连三十里外的小镇都没去过。去大学报到那天，父亲送他到了九省通衢的武汉，然后把行李交给他，让他自己去学校，父亲则坐火车回家了。

第一次到大城市，分不清东南西北、连普通话都不怎么会说的吴甘霖，当时很伤心，觉得父亲太狠心，但父亲却说：

“孩子，我十三岁就成了孤儿，为什么你不能像我一样，独自向前走呢？”

后来，吴甘霖写了一篇文章，叫《父亲的背影》，朱自清写父亲的背影是慈祥的，而他的父亲却不是。但恰恰是父亲的“狠心”，让十六岁的他突然长大成人，明白从此必须自己为自己负责。

早在一九二七年，著名教育家陈鹤琴先生就提出：

“凡儿童自己能够做的，应该让他自己做；凡儿童自己能够想的，应该让他自己想。”这是符合教育规律的至理名言。

很多时候，我们可以通过“不关心”，让孩子明白自己必须为不负责任的行为付出代价。

女儿班上组织春游，一晚上她都在兴奋地准备各种东西：衣服、帽子、矿泉水……当然还有最重要的午餐，为此她特意让妈妈煎了两块牛排，夹在她最爱吃的汉堡里。

第二天一早，女儿兴冲冲地出了门，临走之前，妈妈问她：

“东西都带好了吗？”

“带好了。”

这时候，妈妈发现女儿的汉堡忘在了桌子上。

相信很多妈妈见状都会马上叫住孩子，让她回来拿汉堡。

但这位妈妈却没有这样做，任由女儿出了门。

傍晚，女儿一进门就嚷着饿坏了，让妈妈赶紧开饭。

妈妈当然明白是怎么回事，但却假装惊讶地问：

“你怎么会饿呢？”

女儿一听，懊恼地说：

“别提了，我忘带汉堡了。中午其他同学都有饭吃，就我没有，还是同桌看我可怜，分给了我半块面包。”

妈妈一听，笑着说：

“这样啊，饿肚子的滋味一定不好受吧！以后出门前，你是不是该仔细检查要带的东西呢？”

女儿羞愧地点了点头。

从那以后，一向丢三落四的女儿居然变得细心了很多。

丢三落四是很多孩子的毛病，也是孩子缺乏责任感的一种直接表现。没有哪位妈妈愿意让孩子饿肚子。那是这位妈妈对女儿不关心吗？

恰恰相反，让孩子吃一次小小的苦头，懂得自己不负责任的行为会导致什么样的后果，比说一千遍“仔细检查你要带的东西”都管用。

3. 可以陪伴，但绝不包办

这也是一种培养孩子责任感的方法。尤其当孩子还小，或者要处理的问题比较复杂的时候，陪伴但不包办，可以说是一种两全其美的方式。

曾任微软全球副总裁、微软中国董事长的张亚勤曾经谈到，母亲在他的成长过程中，从不将自己的意见强加于他。如果他是对的，母亲会听取他的意见；如果不对，母亲会说服他，但从不包办。比如，报考大学填报志愿时，母亲虽然有自己的想法，但最终还是尊重了他的意见。

张亚勤上小学和中学的时候，家里很多事，母亲都会交给他去做。但为了让他顺利地完成任务，母亲都会询问他这件事应该怎么做，如果觉得有不妥的地方，母亲会做一些补充。

张亚勤考上中国科技大学那年，他才十二岁。上学办理转移粮户关系、买火车票、托运行李这些事情，都是他自己去办理的。

母亲虽然会陪在他身边，但只在必要时做些提醒，并不包办。

当他去办理行李托运的时候，工作人员表示小孩不能办，要让大人来。坐在一旁看管行李的母亲这才走过去，指着儿子对工作人员说："他能行，让他办吧，我不会写字。"

无奈之下，工作人员只好让张亚勤自己办理，结果看了张亚勤填写的各种表格，工作人员忍不住赞叹："真厉害！"

尽管母亲很关心他的学习和生活，但却并不在生活细节上给予他过多照料，张亚勤也始终记得母亲说过的话：

"路是自己走出来的，不管遇到什么困难，都要自己去面对，永远不要指望别人。"

懂得放手让孩子独立成长，这是张亚勤母亲最难能可贵的地方。关心孩子却不为孩子包办，提醒孩子却不替孩子做主，这样的理念恰恰是很多妈妈所缺乏的。

我们不妨也学学张亚勤母亲的做法，从小事做起，培养孩子独立自主的能力。比如去看望爷爷奶奶时，让孩子决定带什么礼物，必要时给孩子一些引导："你觉得爷爷奶奶最需要什么？为了给爷爷奶奶增强体质，你觉得可以买点什么？"

再比如家里来了客人，可以让孩子负责买水果、泡茶等接待工作。另外，还可以让孩子制订家庭的年度出行计划，并准备出行所需要的物品，在购买大件物品时，让孩子比较同类物品的质量和价格等。

第八章　好方法让孩子成为学习高手

本章提要

在对孩子方方面面的关心中，孩子的学习问题是妈妈们最为关心的问题之一，因为这关系到孩子的前途与命运。

一般人认为孩子的学习主要是学校的事情，主要跟老师的教育相关。但实际上，不管是学校还是家庭，对孩子的学习都至关重要。因为，孩子学习成绩的好坏，根本上源自学生是否自觉、是否有兴趣、是否有好的学习方法与习惯。

在这方面，妈妈的作用同样至关重要。只要找对了方法，就能激发孩子的学习兴趣，让孩子乐于学习，善于学习，成为学习高手。

一 让孩子从不爱学习到爱上学习

孩子不爱学习的原因有很多，首要的原因就是对学习没有兴趣。

要激发孩子学习的兴趣，我们首先要找到孩子对学习缺乏兴趣的根源，然后再对症下药。

1. 在玩中学，在学中玩

一提到学习，孩子就满脸不情愿，磨磨蹭蹭半天不肯开始，但孩子玩起游戏来，却几个小时都不知疲倦，从头到尾兴致勃勃。许多妈妈对这一现象都很熟悉，而且为此很头疼。

妈妈们常常感慨：

“要是孩子不这么爱玩就好了。”

其实，爱玩是孩子的天性。过分贪玩固然不好，但一味压制孩子的这种天性，效果只会适得其反。

因此，我们要学会处理学习和玩耍之间的辩证关系，认识到玩耍对于激发孩子学习兴趣的积极作用，尤其对于年龄小的孩子，可以让他在玩中学，在学中玩，帮助孩子养成好的学习习惯，激发孩子的学习兴趣。

贝多芬是德国杰出的音乐家，被誉为“交响乐之王”。贝多芬从小就表现出了音乐天赋，身为宫廷乐师的父亲决定好好培养他。但小贝多芬很贪玩，一刻也安静不下来，根本就不能老老实实坐下来弹琴。

贝多芬的父亲知道不能心急，得先培养贝多芬的兴趣，否则他很难学下去。

于是，贝多芬的父亲找来一架闲置的旧羽管键琴放在家里，然后问小贝多芬想不想做游戏。小贝多芬一听，高高兴兴地答应了。

父亲将他带到琴前，指着黑白两种颜色的键盘说，白键代表小白羊，黑键代表大黑熊，我们比赛看谁摸的小白羊多。于是小贝多芬伸出手开始触摸键盘，当悦耳的琴声响起时，小贝多芬觉得很奇妙，于是在琴键上随意按了起来。

这时，父亲握起小贝多芬的手，教给他正确的指法，然后让他数数能摸多少只“小白羊”。

于是小贝多芬开始兴奋地边弹边数，父亲则在一旁及时帮他纠正指法。接着，父亲又用同样的方法，让小贝多芬在摸“大黑熊”的过程中掌握了指法技巧。

这个游戏深深地吸引着小贝多芬，这是他第一次能够安安静静地坐下来弹琴。过了几天，父亲看小贝多芬已经掌握了正确的指法，于是提出玩一种新的游戏——爬台阶。

父亲指着键盘对小贝多芬说，白键代表一级级的台阶，每一级都会发出不同的声响，我们来比赛看谁爬得高。

小贝多芬一听马上又兴奋起来，立刻伸出小手在琴键上随意按起来。父亲告诉他不能这样，得一级一级爬，然后给他示范了一遍，接着让小贝多芬试试。经过几次示范和纠正，小贝多芬很快就掌握了技巧。

接着，父亲又提出两人比赛，看谁“爬台阶”爬得快。很快，小贝多芬的速度明显加快了。

又过了两天，父亲把小贝多芬带到琴前，告诉他今天要进行的是“下台阶”的游戏，方法和“爬台阶”正好相反……

就这样，在轻松好玩的游戏中，小贝多芬不知不觉就掌握了弹奏的技巧和方法，并且对弹奏产生了浓厚的兴趣，经常自己在琴前练习很长时间。

贝多芬父亲的这种教育方法，就将“在玩中学，在学中玩”进行了很好的结合。我们都说，兴趣是学习最好的老师，先在游戏中激发孩子的兴趣，然后在兴趣中培养并促使孩子养成爱学习的好习惯，这是让父母和孩子都感到轻松、有效的方法。

事实上，掌握了“在玩中学、在学中玩”的方法，也有助于父母培养孩子学习的习惯。

在一次家教座谈会上，一位妈妈跟我们分享了她的经验：

从孩子刚学会走路开始，她就在家里孩子能触及的地方，都摆上各种适合孩子阅读的书籍，孩子出于好奇，就会自己主动去翻阅。

每天晚饭后，她和先生都会拿出至少半小时的时间阅读，孩子也会模仿他们的样子。等孩子大一点，她会拿着书本给孩子讲故事，并且先不告诉孩子结局，而是让孩子自己去补充和想象。

孩子再大一点，她会鼓励孩子自己去读书，孩子遇到不认识的字可以问她。等到孩子识字量再大些之后，她就让孩子自己先读一遍故事，然后她再给孩子完整地讲一遍，有时两人还会对一些情节进行讨论。

在这样轻松又有趣的方式中，孩子的学习习惯不知不觉在上小学前就已经基本形成了。孩子上学后，她就可以不用太过操心了。

这位妈妈的做法值得我们借鉴。用轻松有趣的方式，让孩子从小爱上阅读，对于培养孩子的学习习惯至关重要。首先，它可以很好地激发孩子的好奇心和求知欲，而这恰恰是养成学习习惯的基础；另外，阅读可以很好地培养孩子的专注力，让孩子不轻易被其他事情影响而分心。

其实只要用心，生活中处处都可以制造出“在玩中学，在学中玩”的机会。

在座谈会上，另外一位妈妈分享的经验也很值得我们学习：

从儿子三岁开始，为了激发孩子认字的兴趣，她每次带孩子去超市前，都会特意将孩子想买的东西的名称列出来，让孩子记住那些字是怎么写的。如果孩子在超市中找到了这种东西，并认出了上面的字，就可以把它买下来，否则就不买。

之后，她又鼓励孩子学会分类，学会不同的东西应该到哪个区域去寻找。

这不仅充分激发了孩子认字的积极性，让孩子的识字量随兴趣不断增长，也在一定程度上培养了孩子做事的秩序性和条理性。

2. 可玩可学，但需先学后玩

对于玩心重甚至因为玩耍影响到学习的孩子，我们需要明确地让孩子知道，可以玩，但前提是先学后玩。

何立伟是湖南省著名作家。一天，儿子对何立伟说，自己下午不上课。何立伟就建议儿子趁这个时间读读课外书，但儿子却说跟同学约好了去溜旱冰。

何立伟觉得儿子的玩心太重，心里只想着玩，于是决定和他好好谈谈。

他问儿子，你觉得自己的成绩好不好？儿子沉默了一下，小声回答了一句“不好”。

之后看儿子没有吱声，何立伟语重心长地说，世界上有三种学生，一种是会学不会玩，一种是会玩不会学，还有一种是又会学又会玩，你属于哪一种？儿子不好意思地说“属于第二种”。

“既然是这样，你就要加强学习，这样你就会成为老爸最欣赏的第三种学生。”何立伟说。

何立伟最终并没有阻止儿子去溜旱冰，但很显然，他的这番话让孩子很受触动。

对于成长中的孩子，一味要求他们学习而限制玩耍的做法是不科学的，孩子很容易失去学习的兴趣。因此，最好的办法是让孩子又会学又会玩，该学的时候学，该玩的时候玩。

比如，对于孩子上网的问题，著名主持人杨澜知道孩子的几乎所有的功课都要在网上完成，因此禁止孩子接触网络是不可能的，所以她跟孩子们做了一个约定：

星期一到星期五不在网上看卡通、电影等无关学习的东西，不玩游戏。星期五晚上、星期六和星期日每天可以玩一个小时。

约定好之后，杨澜选择尊重和信任孩子们，看到孩子们待在电脑前，虽然她也很想知道孩子们到底在干什么，但她还是会告诉自己，不要问，相信孩子一定是在做作业。

当然，对于自制力相对比较弱的孩子，在相信孩子的基础上，必要时父母还需要采取一定措施，以培养孩子专心学习的习惯。比如，当孩子违反“约定”时，刚开始一两次父母可以提醒，但如果孩子一再违反，父母应该进行一些必要的惩罚。

3. 让孩子知道自己为谁学习

作家龙应台曾就读书的意义，给儿子安德烈写过这样一段话：

“我要求你读书用功，不是因为我要你跟别人比成就，而是因为，我希望你将来会拥有选择的权利，选择有意义、有时间的工作，而不是被迫谋生。”

这其实是在告诉孩子，读书不是为了别人，不是为了父母，而是为了对自己负责，为了让自己的人生变得更丰富、更有意义。

在生活中，我们经常听到妈妈向孩子这样抱怨：

“我所做的一切都是为了你，你不好好读书对得起我吗？”

而孩子的反应则是：“我读书就是为了我妈妈，要不是她逼我，我才不想读呢。”

当孩子觉得自己是为父母而读书时，那么就不会主动学习，也不会有乐趣。

因此，父母要给孩子传递一种正确的观念，学习是为了获得知识，而知识既能让我们拥有解决问题的能力，也能让我们成为一个有价值的人。

在这一点上，特别需要注意的是，仅仅告诉孩子“学习是为了获得知识”是不够的，因为孩子会想：“获得知识又能怎么样？跟我有什么关系？”更重要的是，我们要让孩子切身感受到知识的力量。只有这样，才能真正激发孩子内心的求知欲。

这就需要我们了解孩子平时的兴趣和所掌握的知识点，有意识地和现实生活结合起来，让孩子感受到知识的重要性，体会到通过知识解决问题所带来的成就感。

比如，我们可以有意识地让孩子利用所学知识，帮助我们解决一些生活中的问题。比如妈妈问十岁的儿子：

“我记得你前不久跟我说过一个去除水垢的方法，你能再告诉妈妈一下吗？我想清除水壶里的水垢。”

“很简单的，就是用醋。”儿子非常得意地回答。

“为什么醋能去除水垢呢？”“因为水垢的成分主要是碳酸钙，醋酸会和它发生反应，生成溶于水的物质和气体。”

这时妈妈可以请儿子帮忙清理水垢，并及时给予孩子肯定和鼓励：“这次你真帮到妈妈了，谢谢你！儿子你看，学了知识就是不一样，能解决好多问题呀！”

让孩子感受到知识的力量，更能激发孩子的求知欲望。

4. 必须培养和保护孩子在学习上的自信心

有时候，孩子之所以逃避学习、对学习没有兴趣，是因为孩子在学习上缺乏自信心。

对此，本书作者之一吴甘霖就深有体会：

刚上小学时，由于多方面原因，他的学习有点跟不上，便对上学越来越没有兴趣，后来经常逃学。

转机来自一堂书法课。一向上课心不在焉、坐不住的他，那天不知为什么居然认认真真地写了一篇毛笔字。老师走过他身边时，突然停了下来，然后举起他的本子，当着全班同学的面大声表扬他说：

“大家看看，吴甘霖同学的字写得特别认真，你们都要向他学习！”

从没被这样表扬过的吴甘霖，心里特别高兴，一下子对学习有了前所未有的热情，成绩也突飞猛进，后来整个小学期间，他几乎每次考试都是第一名。

有时候，孩子逃避学习，并不是孩子的智力不行，也不是孩子真的对学习没有兴趣，而是孩子缺乏自信。一旦孩子在学习中获得了肯定，并建立起自信，孩子就会有很强的成就感，并将这些转化成学习的动力。

在激发孩子的自信心的同时，我们也要像保护眼睛一样保护好孩子的自信心。

小斯宾塞是英国著名哲学家、社会学家、教育学家、“快乐教育”创始人斯宾塞堂兄的儿子。由于家庭原因，小斯宾塞从小就和斯宾塞生活在一起，斯宾塞将他视为自己的亲生儿子。在斯宾塞的精心培养下，小斯宾塞十四岁时就被英国剑桥大学录取。

一次，斯宾塞给小斯宾塞买了一架脚踏风琴，告诉他这是一架具有魔力的风琴，只要他掌握了由七个数字组成的“魔法”，风琴就会奏出美妙的曲子。斯宾塞的话让小斯宾塞充满了好奇，迫不及待地想要掌握“魔法”，让风琴发出美妙的声音。

但家里的用人觉得小斯宾塞并没有音乐天赋，于是当斯宾塞不在的时候，用人总是打击小斯宾塞，说他就算学一百遍也学不会一首简单的曲子。

这让小斯宾塞很快对风琴失去了兴趣。

斯宾塞知道后，对用人说，不能用这样的方法扼杀孩子的兴趣，如果弹奏风琴变成了一件痛苦的事情，那么孩子是学不会的。

接着，他叫来小斯宾塞，告诉他自己特别喜欢他弹的一首曲子，问他能不能为自己弹奏一遍。小斯宾塞一听，眼睛马上就亮了，立刻坐到风琴前弹奏起来。而且和以往不同，小斯宾塞这次弹得特别流畅，节奏和旋律都把握得非常好。

因为有了自信，以往弹得不太好的曲子，他这次却弹得特别好。这也说明培养和保护孩子的学习自信心的重要性。

孩子充满自信，潜力自然就能得到充分发挥。因此，对于孩子的学习，我们要遵循一个重要原则——少指责，多鼓励。

只有这样，才能帮助孩子树立起学习的自信。

二 让孩子从不善于学习到善于学习

要让孩子成为学习高手，我们首先要培养他们对于学习的兴趣和自信。但光有这些还不够，我们还应让孩子善于学习。

1. 让孩子直面学习困难并主动挑战

全国优秀班主任刘利梅老师曾经说过：

“让学生直面学习中的困难，打破快乐轻松学习的神话，这是每一个明智的师长要做的事情。在这一过程中，学生收获的，将不仅是知识，更有毅力、恒心、克服困难的勇气等重要的非智力因素。”

的确，学习是一件艰苦的事情，尤其要有所成就，就必须付出很多努力。因此，要让孩子善于学习，我们首先要培养孩子直面学习的困难并主动挑战的心态和勇气。

前面我们谈到了贝多芬的父亲通过游戏方式，让小贝多芬对音乐产生了浓厚的兴趣，并掌握了基本的指法。母亲看到小贝多芬对这个游戏很着迷，就经常陪他一起玩。

但有一天，父亲对母亲说，以后不要再陪孩子玩这种游戏了。母亲觉得很奇怪，孩子有兴趣，在玩中学不是很好吗？

但父亲却说，学习音乐是一件非常严肃而辛苦的事情，当孩子已经有了学习兴趣，游戏的阶段就可以结束了，否则，孩子对音乐形成不了认真的态度。

于是父亲将小贝多芬叫到面前，很严肃地问他，是否愿意从今天开始正式跟着他学琴？小贝多芬高兴地答应了。

父亲又问他，学琴是件非常辛苦的事情，不像以前那么轻松，他是否能坚持下去？对音乐已经开始入迷的小贝多芬坚定地点了点头。

第一次上课，父亲只教小贝多芬弹了十五分钟，当母亲问父亲时间为什么这么短时，父亲的回答是，刚开始孩子的注意力持续不了太长时间，要让孩子慢慢适应。

到后来，父亲对小贝多芬的要求越来越严格，小贝多芬每天要在钢琴前坐七八个小时，有时甚至时间更长。

小贝多芬勤奋刻苦地练习，弹奏水平迅速提高，八岁时就举办了演奏会，九岁时他的演奏水平已经超过了父亲，十一岁时就成了乐队的乐手……当欧洲最伟大的古典主义音乐家之一莫扎特听了他的弹奏后，曾经这样说道："总有一天，这个年轻人会让世界震惊！"

贝多芬父亲的做法，有两点特别值得我们学习：

在学习之前，先给孩子打"预防针"，让孩子有充分的心理准备去迎接学习中的困难和挑战。

对于孩子来说，学习的过程往往并不轻松，而躲避困难是天性，因此，父母要帮助孩子树立正确的学习态度，并且在孩子取得进步和成绩的时候，及时给予肯定，让孩子感受到战胜学习困难所带来的喜悦。

其次，学会循序渐进。

尤其是对于年龄比较小的孩子，如果一开始就将目标设得过高，孩子一旦达不到就容易沮丧、失去信心甚至厌恶学习。贝多芬父亲的做法就比较科学，刚开始只教十五分钟，等小贝多芬适应之后，再逐步增加难度。

2. 养成好习惯，好成绩就是副产品

天天盯着孩子学习，可孩子的成绩就是没有什么起色，不仅孩子辛苦，妈妈也觉得特别累。

为什么会这样？一个很重要的原因，是孩子没有养成学习的好习惯。一旦孩子养成了好习惯，成绩自然就会提升。

培养孩子的学习习惯，父母应掌握一些要点：

① 让孩子“到点就学”，而不是一曝十寒。

每天什么时候学、怎么学以及学多久，我们可以根据孩子的具体情况而定，但学习的时间一旦定下来，就不要随意更改，这样才能帮助孩子养成“到点就学”的习惯。

钢琴家郎朗小的时候，有一次跟父母去舅妈家玩。吃完晚饭，郎朗正和几个孩子玩得高兴，父亲突然对他说，不能玩了，练琴的时间到了。

舅妈一听，感到很为难，因为家里并没有钢琴。

但郎朗的父亲却说没有关系，可以让郎朗在地板上练习指法。郎朗一听，马上蹲在地板上，在虚拟的琴键上练习起来。五岁那年，郎朗就获得了市少儿钢琴比赛一等奖。

“到点就学”，是非常重要的学习习惯。

我们经常看到妈妈和孩子之间因为学习而展开的“拉锯战”：一个使劲催，一个磨磨蹭蹭就是不肯开始学，最后妈妈怒气冲冲，孩子也不高兴。

孩子如果带着这种负面情绪去学习，学习效率和效果都可想而知。这就是孩子没有养成“到点就学”的习惯而带来的不良后果。

对于年龄比较小的孩子，我们可以直接给孩子规定学习的时间；对于大一点的孩子，我们可以尊重孩子的意见，和孩子共同商量学习的时间怎么安排。一旦学习的时间制定好了，就要求孩子严格遵守。

刚开始时，我们可以通过语言提醒、定闹钟等方式，督促孩子按时学习，必要时还可以跟孩子事先做一些约定，如果遵守得好，可以获得什么样的奖励；如果违反了，则要接受什么样的惩罚。

② 制订学习计划既要务实又要坚持。

制订学习计划，会让孩子的学习变得有条不紊、有重点且有针对性，而不是眉毛胡子一把抓，这也是培养孩子学习习惯的重要手段。制订学习计划，关键要遵循两个原则：一是务实，二是坚持。

刘晓琳出生于广东省的一个小镇上，以优异的成绩被英国牛津大学录取，并获得全额奖学金。

关于学习方法，有一件事让刘晓琳印象特别深刻。上小学后，刘晓琳和其他同学一样，按照老师的要求，做了份学习计划。订计划时，刘晓琳做得特别详细，几乎将每天所有的课余时间都排满了，只在中间留了几个十分钟的休息时间。

父亲看了女儿的学习计划之后，摇了摇头，给女儿提出了修改意见，让女儿把和小朋友玩耍的时间、玩游戏机的时间等都添加进去。

刘晓琳一听不干了，她觉得爸爸这样不是在做学习计划。

于是父亲对女儿说，你可以不修改，但你想想如果按照这份计划执行，你能坚持多久呢？做计划的目的不是为了好看，而是要切合实际，这样你才能够长久地坚持下去。

刘晓琳觉得父亲的话有道理，于是修改了计划。正因为这样，同学当中，只有刘晓琳坚持按计划做了下去，学习成绩也一直名列前茅。

一份好的学习计划，一定要具有可操作性，并且能够让孩子坚持下去。

在学习计划中，除了要对学习、休息、玩耍的时间做合理安排外，还需要重点分明。

比如，对于孩子比较薄弱的科目，可以适当多留点时间，而不是所有的科目都平均分配时间。

另外，学习计划要结合孩子具体的学习进度和内容，比如：

不要笼统地列出“每天学一小时英语”，而要尽可能细化，如列出“复习新单词”“做题”“背诵”等内容，这样，孩子就不会盲目，而是有章可循。

另外，学习计划并非一成不变，而要根据孩子不同的成长、学习阶段有所调整。

③ 检查作业，父母可以关注，但不可代办。

在和不少妈妈的交流中，我们发现她们都有这样的苦恼：陪孩子做作业占用了她们大量时间，结果却还是不尽如人意：孩子依赖性强，妈妈不坐在旁边盯着，孩子就不做作业；作业做完就扔在一边，检查作业就成了妈妈的工作……

作为妈妈，关注孩子的作业情况非常有必要，妈妈不仅能及时了解孩子的学习情况，关心孩子，还能帮助孩子树立良好的学习习惯。

但是，关注并不等于代办。在现实生活中，我们看到不少妈妈因为怕孩子粗心，就包办了检查作业的工作。

这样不仅不利于孩子的学习，反而会纵容孩子马虎的毛病。孩子会觉得做错了也没有关系，反正妈妈会帮我检查。结果也许是，平时孩子的家庭作业，因为有妈妈严格把关，都做得不错；但一到考试，没有妈妈在旁边，即使有错误也检查不出来，成绩反倒不理想。

如果想让孩子养成良好的学习习惯，我们就不能为孩子代办，而要让孩子学会自己为自己负责。

前面我们讲到，学习习惯的第一条，就是让孩子“到点就学”。既然已经给孩子规定了学习的时间，那么就不能让孩子产生依赖感，更不能让孩子有

“妈妈不陪在身边就不开始学”的想法，而要让孩子明白，学习是自己的事情，如果在规定的时间内完成不了作业，那么就得自己承担后果，接受老师的批评。

另外，当孩子完成作业后，要求孩子自己先检查，对于孩子没有检查出来的错误，我们可以提醒孩子，但不要直接指出错在哪里，比如可以提醒孩子：“你看看第三道题有什么问题？”

这样的话，孩子慢慢就会养成认真负责地对待作业的态度。

3. 引导、鼓励孩子独立思考，而不是代替他思考

一个善于学习的孩子，必然是一个能够独立思考的孩子。这就要求我们有意识地引导孩子独立思考，而不是代替孩子思考。

在生活中，我们经常看到这样的情景：为了保证孩子在学习上不出错，妈妈不惜在家里变身“全陪”。

孩子做手工，妈妈要在一旁“全陪”，指指点点，如果孩子做不好，就是一顿指责，甚至一看孩子完不成，干脆自己帮孩子做；孩子画画，妈妈要在一旁“全陪”，不是觉得孩子这里没画好，就是认为那里颜色不对；孩子做作业，那更要“全陪”，字怎么写、公式应该用哪个、题应该怎么做……都要在一旁时刻提醒。

“全陪”的结果，是剥夺了孩子的思考能力，让孩子既没有学习的主动性，也不愿意去思考，更不可能在学习上表现出色。

要培养孩子独立思考的能力，有三点特别重要：

第一，认真耐心地对待孩子的问题。当孩子问“为什么”的时候，往往是孩子独立思考意识的表现，这时候我们千万不要打击孩子的积极性，而要耐心解答孩子的问题。

第二，不要急于给孩子答案。孩子在学习中遇到问题的时候，我们要鼓励孩子自己去思考、找出答案，而不是我们去告诉孩子答案。

第三，要鼓励孩子大胆尝试。当孩子有好的创意和想法时，我们要鼓励孩子大胆尝试，哪怕失败了也没有关系，因为这是让孩子学会独立思考的良机。

我们曾看过一篇《儿子脑损伤，母亲爱心化不凡》的文章，讲述了一位名叫韩玉玲的妈妈，通过鼓励孩子独立思考，不仅让生病的孩子正常学习，而且还成了小小发明家。

韩玉玲的儿子李文群四岁时患了乙型脑炎。因为这种病送命的人很多，轻的也都落下后遗症，孩子出院后，医生一再叮嘱，以后他不能用脑子，要事事顺着他。

在经历最初的伤心绝望后，韩玉玲决心向命运挑战。她参加了中科院心理研究所举办的心理函授大学，学习儿童与教育专业，还通过其他方式学习了不少心理学与发展大脑技能的知识。

利用所学知识，她试着对孩子进行启发式教育，逐步引导孩子思考。孩子本来可能萎缩的智力潜能，反倒被激发了出来。

孩子三岁时，有一次问妈妈："四减七是多少？"

孩子提出这个问题，妈妈很欣喜，就给他讲了负数的概念，孩子不懂。妈妈就引导他："你高四尺，妈妈高七尺，妈妈比你高几尺？"

孩子思考了一下说："高三尺。"

"那你比妈妈高几尺呢？"

孩子又思考了一下，最后摇了摇头，说：

"啊，不高。"

"也可以说高，四减七等于负三，你比妈妈高负三尺。"

妈妈想即使他听不懂，也可以让他脑子里有个负数的概念。之后，可以鼓励孩子多思考。

没想到，孩子四岁生病住院时，有人问他：

“奶奶给你带了什么东西？”

“负一个苹果。”

人家听不明白，他又说：

“奶奶什么都没带，吃了一个苹果走了。”

当时她一阵惊喜，突然发现半年前他们关于“四减七”的谈话收到了意外的效果，自己的儿子还没有“傻”到不可救药的地步。

韩玉玲总结说：“这件事提醒我，不论孩子大小，孩子提出的任何问题，父母都必须认真回答。即使一时回答不了的问题，也要引导他不要轻易放弃，要积极去寻找答案，大人有了答案要及时告诉他，培养他的钻研精神。”

后来，这个孩子不仅考上了省重点高中，而且喜欢发明创造，他的一项发明，还荣获市级中学生物理小发明小制作比赛一等奖。

不知道你看了这个故事有什么感受？一个脑损伤的孩子，都能因为妈妈的积极引导而主动思考，达到这样的效果。那么，对健康的孩子，假如同样采用鼓励和引导的方式，让孩子多多动脑，热爱思考，是不是会取得同样的甚至更好的效果呢？

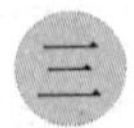

让孩子从不会考试到胜在考场

从进入学校开始，孩子就会面临各种各样的考试。很多孩子不喜欢考试，甚至对考试有一种畏惧心理，即使平时学习不错，但一上考场，也会失误频频、发挥失常。

但考试又是衡量孩子学习成绩的重要标准，因此让孩子从不会考试到胜在考场十分关键。

1. 不让考试压力影响孩子正常发挥

当我们对孩子的期望过高、让孩子承受的压力过大时，往往就会影响孩子在考场上的正常发挥，长此以往，甚至会导致孩子厌学。

《武汉晚报》曾报道过这样一个故事：

李岩是湖北省某中学的高三学生，以他的成绩，考上北大、清华应该不成问题。但就在高考前的三四个月，李岩却突然不肯再去上学。

那天早上，李岩像往常一样准备出门上学。临走前，妈妈徐女士在他书包里塞了两个鸡蛋，并对儿子说，营养跟得上，才能有精力复习。没想到听了妈妈的话，李岩却转身回了房间，一整天没有出门，无论母亲怎么声泪俱下地哀求，他还是不肯去上学，只对母亲喊了一句话：“你让我静一静！”

接下来四天，徐女士每天都会叫一位亲戚来劝说儿子，但儿子始终没有出房门。第五天，趁李岩出来上厕所，母亲竟下跪，哀求儿子：“你是妈妈的全部希望，你去上学好不好？”

李岩扶起妈妈，只是说了句，如果你再找人来逼我上学，我就从楼上跳下去，然后又把自己锁进了房间。

无奈之下，徐女士只好走进武汉大学人民医院精神卫生中心进行咨询。在医生的询问下，她回忆起儿子之所以出现这样反常的举动，原因可能是前一天，学校公布了模拟考试的成绩，李岩考了第五名。以这样的成绩，照往年的情况，儿子考北大应该没有问题。然而徐女士对此却并不满意，忍不住抱怨了一句“又不是第一”。就是这句充满失望的“又不是第一”，让李岩瞬间崩溃了。

徐女士离婚多年，一个人带大孩子，她对儿子寄予了很高的期望。高中三年，儿子尽管成绩不错，但从没有考过第一，这让徐女士耿耿于怀。但她却不知道，“又不是第一”这句话像块巨石一样，三年来一直压在儿子的心上。

找到了孩子反常的原因，医生告诉徐女士，孩子可能已经处于重度焦虑的状态，离自杀只有几步之遥，如果再不采取措施，后果会很严重。

他建议徐女士回去后千万不要再找人劝儿子去上学，更不要哭哭啼啼，而要像什么都没发生一样，并且向儿子表明自己的态度：妈妈只希望你快乐，不逼你去上学。

医生的话深深触动了徐女士，回家后，她完全按照医生的建议去做。妈妈态度的转变，让李岩最终慢慢敞开了心扉。

他说，自己也知道妈妈不容易，也特别想每次都考第一名。他最怕的是开家长会，每次妈妈都会跟考第一名的学生的家长交流，回去就会告诉他考第一名的同学看了什么书，做了哪些题。这让他很长一段时间一听到“第一名”就会发抖。

“罢学”的前一天，他其实已经被妈妈那句“又不是第一”压垮了。晚上做梦的时候，他还梦见自己高考落榜。当妈妈又塞给他两个鸡蛋的时候，他觉得自己再也扛不住了，甚至想到了死。

儿子的话，让徐女士自责且心痛不已，她没想到，自己过高的期望，给孩子带来了这么大的压力，差点逼死了孩子。

妈妈态度的转变，加上医生的心理辅导，一个月后，李岩终于放下了心理包袱，再次走进了学校。

其实，在考试前，孩子多少都会有一些紧张情绪。对此，家长可采取一些方法，来帮助孩子缓解考前紧张，比如：

① 让孩子通过听音乐、慢跑、散步、和同学聊天等方式来缓解压力。

② 进考场前，让孩子咀嚼一些小零食如饼干、口香糖等来缓解焦虑。

③ 鼓励孩子在考试前多给自己一些积极的心理暗示，比如站在镜子前微笑着说出自己的一两个优点，以此来增强自信心。

④ 父母既不要对孩子喋喋不休，也不要在做事的时候刻意轻手轻脚，生怕打扰到孩子，这样只会增加孩子的紧张和不安。

⑤ 考试前给孩子一颗“定心丸”——告诉孩子“只要尽力了，哪怕没考好也没有关系”，这样孩子就能带着平和的心态进入考场。

2. 让孩子掌握一些考试的基本要领和原则

要想让孩子在考场中不紧张、有条不紊地答题，我们需要告诉孩子一些考试的基本要领和原则。对此，我们可以参照一些原则：

原则一：先易后难。在拿到试卷后，可以大致浏览一下，对试卷的难易程度有一个基本了解，答题时先做容易的、基础的题目，越难的题目越往后放，不要在一道题上纠结，不会做的就留到最后再做。

原则二：审题要清楚。一定先读懂题目的意思和要求后再动笔，比如选择题要看清楚是单选还是多选，作文要读懂立意要求，紧扣主题，应用题最少要先读两遍题目。

原则三：不管是文字还是数字，书写一定要清晰。

原则四：尽量少涂改，保持卷面整洁。

原则五：所有的题目做完之后，如果还有时间，那么即使再有把握，也要认真仔细地检查一遍。

原则六：不要留空。比如选择题，即使没有把握，也要先填一个答案。如果时间不够了，针对主观题，要尽量将思路和感想写下来，针对应用题，要将公式或者解题步骤写下来，这样老师也会酌情给分。

3. 考得不好，放下情感包袱，总结经验教训

我们来看看曾被评为“全国优秀家长”的王晶和女儿黄思路的一个故事：

有一次，一向成绩不错的黄思路数学测验只考了七十九分，成绩出来后，黄思路的情绪很低落。

王晶尽管也很着急，但看女儿那么伤心，也不忍心责怪她，而是装着若无其事的样子安慰她说，考砸了不见得是坏事，只要努力，下次考试超过七十九分很容易；相反，如果这次考了九十九分，下次想进步可就没那么容易了！

等女儿的情绪稳定下来后，王晶便开始和女儿一起分析女儿没考好的原因：前面的题都做对了，可后面的题却没有做完。原因不外

乎两点，一是做题的速度太慢，不够熟练；另一个原因是应用题学得不够扎实。

原因找到了，黄思路便在这两方面多下功夫，数学成绩很快得到了提升。

面对没有考好的女儿，王晶的做法既让女儿放下了情感包袱，又帮助女儿总结了经验教训，让女儿很快就从失败的阴影中走了出来，最终考出了好成绩。

她的经验，给了我们很好的启示：

① 解决问题前，先要创造轻松的氛围。

考试没考好，问题一定要解决，但不要先给孩子压力，而要先创造轻松的氛围。为此，王晶还跟女儿开了个小玩笑：这次考七十九分，下次只要努力，很容易就会有进步，而这次如果考了九十九分，下次要进步就很难了。这样一来，女儿的心情放松了，也能听进去后面的建议了。

② 帮孩子找出问题的根源，找到今后努力的方向。

王晶通过耐心分析，让女儿明白了问题出在什么地方，自己的不足在哪里，这样一来，孩子就知道今后该在哪些方面努力了。

第九章 好方法让孩子全面发展

本章提要

培养优秀的孩子，不仅体现在让其善于学习上，更要强调让其全面发展。这主要体现在：

能成功：以好的状态和素养去实现最好的自我。

会做事：不当“书呆子”，要做能干人。

会交往：处处受欢迎并容易获得他人支持。

热爱生活：打造一生幸福的品质。

让孩子成为一个在未来能成功的人

让孩子将来能够有所成就，这是所有父母的心愿。

其实，每个孩子都有成功的潜力，关键在于我们怎么引导。

1. 珍视“玫瑰花蕾”——激发和保护孩子的成功欲望

曾获得奥斯卡奖多项提名的美国影片《公民凯恩》，讲述了报业大王凯恩的一生。

对于成功，凯恩多次提到了“玫瑰花蕾”这个词，其含义是激发和保护孩子心中的某个梦想，让它像“玫瑰花蕾”一样积蓄成功的力量，最终完全绽放。

傍晚时分，在厨房忙碌的妈妈听到五岁的儿子在院子里弄得咚咚响，于是便走出去问儿子在做什么。

儿子一边跳一边指着天上说：

“妈妈，你看星星多漂亮啊，我要飞到天上去摘星星！”

妈妈忍不住拍了一下儿子的脑袋，说：

“你这孩子，怎么满脑子都是稀奇古怪的想法？人怎么可能飞到天上去摘星星？赶紧回屋吃饭去。”

对于孩子的异想天开，很多妈妈的反应或许都会跟这位妈妈一样。但有位妈妈却不同：

面对在院子里弄出很大动静的儿子，妈妈问他在做什么。儿子兴奋地告诉妈妈，自己要跳到月亮上去。

妈妈听了，笑着说：

“好啊，你到月亮上好好玩吧，不过一会儿要记得回家吃晚饭啊！”儿子一听，玩得更加起劲了。

多年以后，这个孩子真的实现了自己小时候的梦想，他就是第一个登上月球的美国宇航员阿姆斯特朗。

和阿姆斯特朗有类似经历的，还有两个放牛娃。

一天，兄弟俩一边放牛一边看着飞翔的雄鹰羡慕地说：

“要是我们也能像鹰一样在天空中自由自在地飞翔，该有多好啊！”

父亲听了，对他们说：“人比鹰聪明，努力去试试，说不定有一天你们飞得比鹰还要高！”

后来，两个放牛娃真的飞得比鹰还高，他们就是飞机的发明者莱特兄弟。

跳上月亮、飞得比鹰还高，这些都是当时看起来根本不可能实现的梦想，但无论是阿姆斯特朗的母亲还是莱特兄弟的父亲，都没有觉得孩子不切实际，给孩子泼冷水，而是鼓励孩子珍惜梦想，努力去尝试。

成功往往从一粒种子开始，这粒种子，可能就是孩子小时候的梦想和兴趣。哪怕觉得孩子的想法是异想天开，我们也不要轻易否定。珍惜孩子的“玫瑰花蕾”，就是珍惜孩子成功的潜能。

2. 鼓励孩子去实现最好的自我

对于从小就很优秀的孩子，我们往往只要稍加引导，孩子就可以做得很好。而对那些表现普通，甚至有些“笨拙”的孩子，我们需要多一些关注，发掘孩子的闪光点，让孩子实现最好的自我。

有一位父亲，曾经因为儿子“笨”而备感苦恼。儿子从小就性格内向，各方面都表现平平，老师的提问他从来都回答不出来，不管他再怎么努力，成绩也总是倒数。

因为得不到大家的认可，他开始害怕上学。有一天，他对父亲说：“如果我有魔法就好了，这样就能改变这一切，还能帮助别人实现他们的愿望。”

儿子的话让父亲眼前一亮：既然孩子对魔法那么有兴趣，为什么不让他试着学一学，或许这能改变孩子的命运。

于是父亲拿出家里为数不多的积蓄，送儿子去学习魔术。没想到在课堂上表现笨拙的儿子，学习魔术时却表现出了惊人的天赋，并最终取得了让人觉得不可思议的成就。

如果你也喜欢魔术，一定知道这个孩子的名字——闻名世界的美国魔术大师大卫·科波菲尔。

大卫·科波菲尔被美国《纽约时报》誉为“魔术巨人”，他曾一次次超越人们的想象力，将一件件不可能的事情变为可能：让一百米的火车不翼而飞；在几百万电视观众的注视下，将一架喷气式飞机变得无踪无影；让美国自由女神像消失了近三十秒钟……

看到充满自信和智慧的大卫·科波菲尔，我们或许很难将他和当年那个“笨小孩”联系起来。我们不妨想象一下，假如面对像大卫·科波菲尔当年那样的孩子，我们会怎么做？

我们可能会有两种做法：

第一种，盲目鼓励，不顾实际情况，硬要将孩子的短板拉成长板。

第二种，暗自放弃，觉得孩子的智商就那样，不求他将来有什么出息，只要能自食其力就行。

但大卫·科波菲尔的父亲却没有那样做，他认为儿子可能在学习上没有天赋，但在魔术上却可能表现不一般。正是父亲的鼓励，让曾经看上去连一般孩子都不如的大卫·科波菲尔，实现了最好的自己，取得了辉煌的成就。

从大卫·科波菲尔的案例中，我们可以总结出，要想让孩子实现最好的自我，有两点特别重要：

第一，学会把成功的标准放宽。

不可否认，成绩好的确有助于孩子将来成功，但如果孩子就像大卫·科波菲尔一样，在学习上再怎么努力还是没有天分，那么我们不妨把成功的标准放宽。很多时候，我们看不到孩子身上的闪光点，是因为我们对成功的定义太窄。其实唱歌、绘画、弹琴、发明、烹饪……这些同样可以让孩子实现最好的自己。

第二，要对孩子有信心。

即使所有人都认为孩子“不行”，我们也要坚信孩子在某一方面一定“行”。只有这样，我们才能真正用心去发现、去挖掘孩子身上与众不同的东西。

3. 让孩子树立“不达目标誓不休”的决心

坚持不懈，这是获得成功非常重要的品质。因此，要想孩子将来能够获得成功，我们要让孩子懂得，一旦决定要做一件事，我们就不能轻易放弃，要有“不达目标誓不休”的决心。

玛格丽特出生在二十世纪三十年代英国一个不知名的小镇里。

从小父亲对她的教育就非常严格，要求她不管做什么都要力争一流，即使坐公共汽车，也要坐在第一排。

父亲从不允许她说“我不能”或者“太难了”之类的话。这让玛格丽特无论在学习、生活还是工作方面，都抱着事事争先的信心和决心，以实际行动坚持实践着“永远坐在第一排”的精神。

四十年后，当年的小女孩成了英国政坛上耀眼的明星——英国第一位女首相、被世界政坛誉为“铁娘子”的玛格丽特·撒切尔夫人。

撒切尔夫人的成功，和父亲从小给她灌输“永远坐在第一排”的理念密不可分。当然，我们在培养孩子的过程中，也许不必要求孩子凡事都争第一，但培养孩子从小具备良好的成功素养，也就是为达到目标而不断努力和坚持的精神，却很有必要。

对此，我们可以让孩子先学会为简单易行的小目标负责。比如，每天跳绳十分钟来锻炼身体，每天花十五分钟背四个英语单词，每周写一篇不少于五百字的日记，等等。当孩子形成习惯之后，再逐渐让孩子学会为更大的目标负责。

4. 当孩子遭遇挫败时，激励孩子“绝不认输”

成功的过程往往不会一帆风顺，经常会遇到各种各样意想不到的挫折。让孩子从小正确认识挫折，培养孩子遭遇挫折时“绝不认输”的精神，对于孩子将来走上成功之路，有着非常重要的意义。

曾因获得中央电视台《星光大道》年度总冠军而一举走红的著名歌手阿宝，成长的经历充满了坎坷。

阿宝出生在山西农村，从小就喜欢唱歌。他常常在放学后跟着民间艺人学唱歌。父亲怕耽误他的学习，不想让他唱，但他的母亲却鼓励他。

阿宝唱得越来越好，不甘心在家乡待着，于是到了北京，想报考中央音乐学院，但第一轮考试就被淘汰了。在其他各大艺术院校，阿宝也屡屡碰壁。在北京漂泊了几个月后，阿宝不得不回到了家乡。

面对垂头丧气的儿子，母亲对阿宝说，门前的山路都弯弯曲曲，人走的路哪会那么平坦？

后来，阿宝跟着一个草台班子去外地演出，但没想到，两个月不仅一分钱没赚到，老板还把钱全骗走了。身无分文的阿宝好不容易才回到了家。这次经历对他打击很大，他整天把自己关在家里。

看儿子那么痛苦，阿宝的母亲很难受，但她却鼓励阿宝说：

“有一年，我上山打柴不小心摔断了腿，但现在不还是照样天天上山打柴？因为在山路上摔过跤，我就特别留心，不让自己再摔跤。你也一样，不能因为遇到不顺心的事就不再去努力。”

在母亲的鼓励下，阿宝重拾信心，先跟团四处演出，后来到歌厅驻唱，最终因为参加《星光大道》而成名。

面对挫折，逃避不仅无济于事，还会打击孩子的自信心。因此当孩子遭遇挫折时，我们要鼓励孩子勇敢面对。因为每战胜一次挫折，孩子就会越来越形成一种信念：

将来不管遇到什么困难，自己都能勇敢面对、积极解决。

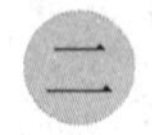

让孩子成为一个会做事、能干的人

“能干”是指不仅眼中有事，而且要会做事、善于做事。

“能干”对于孩子的全面发展必不可少，但恰恰又是很多孩子最缺乏的能力之一。

1．“你只管读书，其他的都不用管”会害了孩子一生

吃完饭不收拾碗筷，洗澡后把脏衣服随手扔在一边，起床后不知道叠被子，写完作业不收拾书包……这样的现象在孩子身上非常普遍，而不少妈妈也认为替孩子“善后”理所当然，因为在她们看来，孩子只要读书就可以了，其他的都可以不管。

可这样做的结果，往往是培养出“低能”的孩子。

《重庆商报》曾经刊登过这样一则报道：来自湖南长沙的晓东（化名）考上重庆交通大学后，因为从小没做过家务，连衣服都不会洗。每隔两个月，他就会将衣服快递回家让母亲清洗，然后再由母亲寄回学校。几年下来，仅快递费就花费了上千元。

对此，母亲梁女士虽然也很无奈，但因为“心疼”儿子，所以对于儿子

寄来的衣服，她还是照洗不误。

我们很难想象，一个连衣服都不会洗的大学生，走上社会后会是什么样的状况。

在学做事中成长，是孩子应有的权利，我们不应该剥夺。学习最终的目的，除了明辨是非，更重要的是将知识转化为做事的能力。如果不会做事，成绩再优异，进入社会后也会寸步难行。

2. 从最简单的家务开始锻炼孩子的做事能力

培养孩子做事的能力，我们可以让孩子从做最简单的家务开始。

我们曾接待过一位前来咨询的母亲，她的故事很值得深思。

王女士是一名小学老师，有一个十六岁的女儿。女儿胆小敏感，加上成绩不太好，所以很自卑。上中学后，女儿的成绩更是一落千丈，每次考试都是倒数。女儿觉得很丢人，坚持要退学。

爱女心切的王女士怕女儿受委屈，于是同意了，甚至辞职在家中陪护女儿。

在女儿休学的两年里，王女士也想帮女儿重新树立信心。她看女儿对画画有兴趣，就带女儿去学，但女儿去了几次就不肯再去。

慢慢地，女儿越来越封闭自己，除了王女士不愿意再接触其他任何人。王女士常常看到女儿一个人发呆，甚至好几次跟她说：“妈妈，我觉得活着真没意思。”有一次，她还在女儿的抽屉里发现了一封遗书。

这些让王女士又惊又怕。绝望中，她找到了我们。

听完她的故事，我们问她：“你女儿在家里会做什么吗？”

她回答说：“什么都不做。”

“那家务呢？”

“家务都由我做，从来不让她插手。”

我们告诉她，这可能就是问题的症结所在：孩子在学校里由于成绩不好，得不到承认，没有价值感；回到家，所有的事情又被你包揽，让她觉得自己不被需要而缺乏存在感。

当她无论在外面还是在家里，都感觉不到自己存在的价值时，又怎么会觉得生活有意义？

于是我们建议她，让女儿适当承担一些家务，先从购买日用品、做饭等简单的事情开始，接着可以复杂一点，如安排她父亲的生日宴，负责家里一个月的开支预算，安排出游计划，等等。

这样可以让孩子先在家里得到价值感，然后再慢慢引导她的社会价值感，做一些适合自己的事情。

王女士接受了我们的建议。一个月后，她再次打来电话，说女儿有了明显的变化，不仅性格开朗了，前几天还请两位好朋友到家里，自己为她们做了一顿饭。不仅如此，女儿还表达了自己想继续学画画的愿望。

孩子的价值感首先来自家庭，所以，千万不要替孩子包揽一切，而要让他们在家庭活动中也要体现自己的价值。

孩子参与家务，其实从孩子一岁半时就可以开始培养，比如将用过的尿布、纸巾扔进垃圾桶，把鞋子放到鞋架上，等等。孩子再大一点，我们可以让孩子吃完饭后将碗送到厨房、将玩过的玩具收好、负责喂养家里的小动物等等。

总之，把握一个原则，针对不同的年龄，给孩子分配不同的事情，检查并督促孩子按要求完成。孩子慢慢就会养成好的做事习惯了。

凤凰卫视前财经女主播陈珂不仅很有智慧，也十分能干，在分享自己的成长经历时，陈珂曾谈到妈妈对她的积极影响：

从很小的时候起，妈妈就教她做事一定要做好，比如说，房屋一定要保持干净。每次进门的时候，如果她的鞋子没有摆放好，妈妈就要她出去，摆放得整整齐齐后再进来。再比如，当大家还在埋头读书时，她却一边读书一边学习开车，都不耽误。

陈珂说，别看这些事情小，但却让她养成了懂得做事、全面发展的好习惯。这样的锻炼，大大提升了自己的生存能力和其他方面的能力。当走上工作岗位以及后来创业之后，她越来越觉得妈妈对自己的这些教育，起着很重要的作用。

3. 敢让孩子“操大心”“办大事”

有时候，交给孩子一些比较重要的任务，让孩子“操大心”“办大事”，是锻炼和提升孩子做事能力不错的方法。

我们来看巴基斯坦前总理阿里·布托是怎么做的。

一次，阿里·布托夫妇要去参加一个国际会议。临行前，阿里·布托特地给长女贝娜齐尔留下购买食品和家庭生活用品的钱，要求她和管家一起担负起管理家庭的重任。

贝娜齐尔当时只有八岁，虽然还小，但她对父母交代的工作却十分认真负责。每天晚上照顾弟弟妹妹们睡觉后，她都会来到厨房，爬上小凳子，认真和老管家一起核对当天的账目。

对一个八岁的孩子委以管理家庭日常开支的重任，这是大多数父母想都不会想的，但贝娜齐尔却做得井井有条。

从小就承担各种家庭“重任”的贝娜齐尔，长大后展现出出色的做事才能，继承了父亲的遗志，成了巴基斯坦第一位女总理。

因此，我们不要低估孩子做事的能力，很多时候，不是他们做不到，而是我们没有给他们展现的机会。

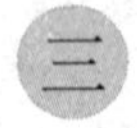

让孩子成为一个受欢迎的人

让孩子处理好和别人的关系，走到哪里都成为受欢迎的人，这对于孩子的全面发展也至关重要。

1. 受欢迎从关心别人的感受开始

类似下面的现象，在生活中并不少见：

带孩子去朋友家吃饭，孩子夹起菜，刚吃一口，就说“真难吃”，然后扔到桌子上；喜宴上，面对前来敬酒的新郎新娘，孩子脱口而出“新娘好丑”；对于长辈送的礼物，孩子看了一眼就扔到一边：“这个我不喜欢。”……

如果类似的情况在孩子身上反复出现，我们就应该重视起来，及时纠正。

比如，我们可以告诉孩子：

“如果你觉得某道菜不合口味，可以少吃，但不要说‘真难吃’，因为你不喜欢并不代表别人也不喜欢，更不能随意把菜扔到桌子上，这是对别人辛苦劳动的不尊重！

“如果别人当着很多人的面说你很丑，你会不会觉得很难过？即使你真的忍不住要说，也只可以附在妈妈的耳边轻声说，不能让别人听见。

“如果妈妈将你精心挑选的生日礼物扔到一边，说‘我不喜欢’，你会是什么感觉？”

……

通过类似的引导，让孩子逐步学会关心别人的感受。

其实，让孩子学会关注别人感受的方式还有很多，我们不妨学学著名作家、教育家叶圣陶先生的做法。

一次，叶圣陶让儿子叶至诚递一支钢笔，叶至诚随手将笔尖冲着父亲就递了过去。叶圣陶很严肃地对儿子说：递东西给别人，要想到人家接过去后用起来是不是方便。你把笔尖冲着人家，人家接过去还得倒转过来，如果没有笔帽，还有可能会弄人家一手墨水。刀子、剪刀之类更是如此，将刀口刀尖冲着人家，万一把人家的手戳破了怎么办？

叶至诚牢牢记住了父亲的话，从此养成了给任何人递东西都先考虑别人方便的习惯。

递一支钢笔，都要求孩子先想到别人用起来是否方便，由此推及其他方面，做任何事情之前，我们都应替别人想一想。这样，孩子在潜移默化下，自然而然就会懂得关注别人的感受。

2．让孩子学会守规矩、懂礼仪

英国教育家斯宾塞有一句名言：在生活中受欢迎的人，往往都是那些有礼貌、有教养的人，他们通常也会有更好的发展机会。

这句话同样也适用于孩子，要让孩子成为受欢迎的人，守规矩、懂礼仪非常重要。中国是礼仪之邦，有句俗话叫作“礼多人不怪，无礼狗也嫌”，说的就是这个道理。

要让孩子守规矩、懂礼仪，首先得明确告诉孩子，哪些事不能做，哪些事必须做到。

不能做的事包括：不能在公共场所（如公共汽车、超市、电影院、图书馆等）大声吵闹，不能乱扔垃圾，不能破坏公共设施（如在公园的椅子上乱刻乱画），没经过主人允许不能随意翻别人的东西，不能使用不恰当的语言对别人进行批评指责（如“你真丑”“你和猪一样笨”），等等。

必须做到的事情包括：要将“请”“对不起”“谢谢”时刻挂在嘴边，见到长辈要主动打招呼，吃饭时要等长辈先吃再动筷子，别人跟自己说话时要注视对方并以微笑、点头等方式作为回应，等等。

刚开始时，孩子可能无法一下子完全做到，这时我们可以用循序渐进、不断提醒、强化的方法促使孩子养成好习惯。

如果孩子在超市里吵闹不休，提醒也没有效果，我们可以选择：放下要买的东西，立即带孩子离开，并且告诉孩子，除非他能保证遵守在公共场所的规矩，否则将不会再带他去超市。

3.“让别人因为我们的存在而感到幸福”

成长励志书《管好自己就能飞》的作者吴牧天，在书中写过一句他的中学老师说的、对他影响非常大的话：

“人生的价值，在于让别人因为我们的存在而感到幸福。”

懂得奉献和付出，可以说是让孩子终身受益、获得良好人际关系的重要秘诀。

翻开北京女孩马宇歌的履历表，会让很多人眼前一亮：

她八岁时入选中央电视台《大风车》栏目小记者；十岁时成为中央电视台《半边天》栏目有史以来最小的嘉宾；十三岁时只身走遍中国三十多个省级行政单位，两百多个城市，行程三十万公里，并写下四十万字的旅行日记；后来被英国牛津大学沃尔福森学院录取……

马宇歌不仅成绩优异，而且充满爱心，她的一些事迹，还被选入我国中小学现行的《思想品德》和《思想政治》等教科书。

谈到对女儿的教育，马宇歌的父亲马弘毅特别提到，自己为女儿取名“宇歌”，是希望女儿的心胸像宇宙一样博大，唱出最美的生命之歌。为此，他非常注重培养女儿的奉献精神。

① 当别人遇到问题时，鼓励孩子通过奉献体现自己的价值。

宇歌三岁时，有一次父母带她去看电影，结果看着看着，因为断片导致放映中断，现场一片混乱。这时，马弘毅鼓励女儿上台给大家表演一个在幼儿园学习的舞蹈。

宇歌在父亲的鼓励下大大方方地上了台，向大家敬了个礼后就开始表演。她的节目让大家慢慢安静下来，场内也恢复了秩序。表演结束后，大家给这位可爱的小姑娘送上了热烈的掌声。

② 让孩子学会通过细节体现对别人的关心。

家长会每个妈妈都参加过，在参加家长会的时候，我们最在意的是什么？是孩子在学校的表现，还是和老师的沟通交流？马弘毅却不一样，第一次参加女儿的家长会，他就给女儿上了终生难忘的一课。

那是女儿入学的第一天，开完家长会后，别的家长都带着孩子离开了，只有马弘毅留了下来，带着女儿将教室打扫得干干净净，桌椅摆得整整齐齐后才离开。

这一幕，给宇歌留下了深刻的印象，爸爸用行动给她上了人生的第一课：时刻主动付出、在每一个细节上体现对别人的关心。

③ 让孩子明白付出的目的不是为了回报。

在父母的教育下，宇歌的乐于助人在学校是出了名的。比如，班上有请病假的同学，放学后不管时间多晚、天气多么不好，她都会去给他们补课。

尽管她对同学很好，但有一次宇歌自己生病了，却没有一个同学来看望她，给她补课。还有一次，她在打扫教室卫生时，不慎从侧翻的椅子上摔下来受了伤，在床上躺了几天，却没有一个同学主动来看她。这让她感到有些伤心。

马弘毅看出了女儿的失落，于是耐心地开导她：付出是为了让别人幸福，让自己快乐，不要总想着回报，更不能因为没有回报就不再奉献，否则，付出就失去了真正的意义。

父亲的话让宇歌瞬间释然了，依然一如既往地对同学好，而在她的影响下，同学们也开始互相关心。

对于培养孩子的奉献精神，有些妈妈或许会有这样的担心：为别人付出需要花费时间和精力，会不会影响孩子的学习？总是强调奉献，孩子会不会吃亏？

事实上，乐于付出并不会影响学习，就像马宇歌一样，哪方面都可以做得很好，并且因为乐于付出会更全面发展、出类拔萃。乐于奉献不仅不会吃亏，反而会成为孩子成长和成功的助推器。

四 让孩子成为一个热爱生活的人

让孩子热爱生活，不仅要让孩子学会欣赏和感受生活中的美，而且还要善于创造美。

1. 即使洗一个杯子，也要洗出生活的美感来

热爱生活的孩子，幸福感和满足感会更强，心态也会更加积极健康。要让孩子成为热爱生活的人，首先要培养其热爱生活的态度。

台湾著名歌星蔡琴的父亲是一位船长，常年出海，难得回来一次，和家人聚少离多。尽管如此，蔡琴从小和父亲的感情特别好。

在蔡琴的印象中，父亲是一个特别热爱生活、特别快乐的人，哪怕是一件小事，父亲都能让它变得充满乐趣。

蔡琴曾回忆说：

“我从小就不觉得做家务是一件需要逃避的事情。爸爸会带着我去洗杯子，尽管只是冲一个水杯，他都可以讲得那么生动，让我觉得洗杯子是一件多么有意思的事。洗干净后，他还会将杯子对着阳光让我看。

“所以在我的印象中，爸爸做每一件事，哪怕洗一个脏碗、脏杯子都是很

快乐的事。而且我爸爸在厨房里面，永远都是唱着歌的。”

父亲对待生活的积极态度，影响了蔡琴的一生，她不仅学会了乐观，而且始终相信，只要懂得创造，美就在自己的身边。

后来蔡琴也曾跌入过人生的低谷，经历了一段极其痛苦的婚姻，又身患疾病，但她始终没有忘记父亲教给她的要保持积极的人生态度，最终调整了自己的心态，光彩夺目地回到了舞台。

蔡琴的父亲用自己的行动告诉女儿，生活不是死板的、一成不变的，生活中处处充满了生机和乐趣。

如果我们像蔡琴的父亲一样，即使洗一个杯子，也要让孩子洗出生活的美感来，那么，孩子无论在什么时候，都会感受到生活的乐趣和美。

2. 给孩子创造感受美的机会

当孩子还小，还不太懂得什么是美的时候，我们更要给孩子创造感受美的机会，引导孩子从小学会感受和欣赏生活中的美。

居里夫人是著名科学家，两度获得诺贝尔奖，她的母亲是一所寄宿女子中学的校长。从小，母亲就经常引导她亲近大自然，让她在大自然中去发现和感受美。

比如，阳光灿烂的日子，妈妈会很温柔地对埋头看书的她说：

“玛妮雅，你看外面的阳光多好啊，赶快放下书本，到院子里去荡秋千吧！”

而阴天的时候，妈妈则会说：

“玛妮雅，去花园看看，蚂蚁们正在干什么呢？”

母亲的这种教育方法，对居里夫人美好品德的养成起了很大的作用。

当居里夫人有了自己的孩子，她也沿用了母亲的教育方式：从小带两个女儿去动物园看动物，去公园看绿草、蓝天、白云，感受大自然的美好……

孩子大点之后，居里夫人又开始教她们唱儿歌，给她们讲童话。居里夫人除了对她们进行智力训练，要求她们学做手工外，还让她们在庭院栽花、种草、种菜，并给她们讲很多关于植物的趣事。

居里夫人和她的母亲都深知，拥有热爱生活的态度，到哪里都能发现美、品尝出幸福的滋味。

从小在美的熏陶下成长的孩子，不仅更有爱心，也更乐观，更容易看到事物中美好的一面，即使是在困境和逆境中，也往往能够保持对生活的信心。

3. 培养孩子独特的生活品位

培养孩子对生活的独特品位，也就是要让孩子不管在什么样的环境下，哪怕是贫困和逆境的时候，也要保持对生活的热爱，用自己的独特品位去创造生活中的美。

国际巨星、意大利女演员索菲亚·罗兰之所以有今天的成就，和她母亲的教育密不可分。

索菲亚出生在罗马的一个小乡村，从小和母亲相依为命，贫困的生活让她们常常连饭都吃不饱。母亲最大的梦想是将女儿培养成才。

机会终于来了。一次，母亲听说那不勒斯在举行少女选美比赛，于是鼓励女儿去参加。这可让索菲亚犯了难，因为她根本没有参加比赛的礼服。

但母亲却坚定地说，一定能想到办法。她先是找出平时剩下的碎布料，凭自己的想象缝制出了一件礼服，接着又将家里粉红色的窗帘扯了下来，又缝制了一件晚礼服。

索菲亚穿上礼服之后，发现礼服非常合身、漂亮。衣服虽然有了，但和衣服搭配的白皮鞋却还没有着落。

索菲亚的母亲突然灵机一动，拿出自己仅有的一双黑皮鞋，用白油漆仔细地刷了两遍。这样，一双“白皮鞋”就诞生了。

索菲亚穿着母亲改造过的服装参加了选美比赛，用她的气质和美貌征服了评委，当选为“海的公主”，从此走上了星光熠熠的演艺之路。

没有礼服，也没有与礼服搭配的鞋子，很多人碰到这样的情况，可能就放弃了。但索菲亚的母亲却没有这样做，而是让女儿相信自己的审美品位，自信地穿着自己改造的服装参加了比赛。

通过索菲亚的案例，我们可以看出，母亲的生活品位在很大程度上影响和决定着孩子的生活品位。如果母亲在任何情况下都不放弃对生活的热爱和追求，那么孩子也会懂得用自己的眼睛去发现美，用双手去创造美。

第十章　好方法改掉孩子的“臭毛病”

本章提要

孩子以自我为中心、心灵脆弱、做事拖沓磨蹭……这些都是让妈妈感到十分苦恼的问题。孩子身上这些“臭毛病”，往往都有其产生的原因，有些还与父母的教育方法有关。

对症下药，就能找到不少改掉这些“臭毛病”的有效方法。

 让孩子去掉“自我中心症”

“自我中心症”的最大特点，是不管自己需要的（包括物质和情感）合理不合理，都必须得到满足才行，一切都以自己的需求与意志为中心。

以自我为中心的孩子，往往容易产生很多问题：听不进意见、处理不好和别人的关系、经受不了挫折，甚至长大后难以融入社会。

因此，越早去掉孩子的“自我中心症”越好。其中有几点需要我们特别注意：

1. 让孩子明白没有“理所当然”

一次，我们在四川做讲座时，一位妈妈讲述了自己的苦恼。

为了让女儿学会自我管理，她有意识地让女儿“自己的事情自己做”。没想到女儿对此很不满，甚至在作文中写道：

“妈妈根本不爱我，因为她从不送我去上学，还要我自己背书包，明明知道我洗不干净衣服却还让我洗，连肥皂水都弄到我眼睛里了……”

这位妈妈遇到的问题，相信很多妈妈也曾遇到过：替孩子做多了，孩子会觉得一切理所当然；让孩子自己做，又担心对孩子太严格。

其实孩子出现这样的反应也很正常。原本认为大人理所当然应该代劳的事情，却突然被要求自己做，孩子的失落和不情愿可想而知。

这时候妈妈需要做的，除了给孩子必要的安抚、给孩子讲清楚原因之外，最重要的是不要因为孩子有所抵触就不再坚持，而要让孩子慢慢学会适应。

孩子一旦觉得“理所当然”，就会变得自私、冷漠。

新华网上曾经有这样一则报道：单独二孩政策出台后，家住湖北武汉、四十四岁的肖女士好不容易怀上二胎，没想到却遭到十三岁女儿的极力反对，并以“逃学”“离家出走”“跳楼”“自杀”等行为相威胁。

最终，在女儿尝试用刀片割腕之后，肖女士不得不含泪到医院终止了将近十四周的妊娠。

在女儿看来，父母理所当然应该将全部的爱给自己，不允许有弟弟妹妹来分享，所以才会出现这样的过激行为。出现这种偏激行为之后，或许妈妈应该反思，是不是自己的教育出了问题？

在一次和妈妈们的交流讨论会上，有位妈妈根据自己的体会，总结了几条经验，很值得我们借鉴。

在这位妈妈看来，即使是父母对孩子的爱，也没有“理所当然”，应该有一些要求和前提条件：

① 让孩子懂得感恩。

最简单的方法，是不管为孩子做什么，都要求孩子表达感谢，哪怕为孩子倒一杯水，也要求孩子说“谢谢”。

感恩，从让孩子学会说“谢谢”开始。

② 让孩子学会分享。

孩子只有学会分享，才不会产生对什么东西都必须独占的心理。

让孩子学会分享的方法有很多，比如不管吃什么，哪怕是孩子最喜欢的，也要求孩子同时分给大家。但需要注意的是，这种分享一定要落实到行动上。

有位妈妈谈过一件很有意思的事：

儿子小的时候，她也要求儿子吃东西前，先分给别人，尤其是长辈。没想到有一次奶奶吃了儿子送的樱桃，儿子竟然委屈得哭了起来。一问原因，儿子的回答竟然是:“以前奶奶都会说‘奶奶不吃，留给宝贝吃’，但这次她却真的吃了！”

这就是停留在表面、没有落到实处的分享，分享不是装样子，父母必须通过切实的言行，让孩子真正体会到分享的精神内涵。

③ 让孩子学会付出。

付出是双向的，父母可以为孩子付出，但也要让孩子懂得为父母付出。

比如，父母与孩子可以共同讨论孩子能为父母做的事情：

为下班回家的父母倒一杯水；

每周为父母擦一次皮鞋；

在父母生日的时候准备一顿早餐；

……

让孩子学会付出，可以从最简单、最容易做的事情开始，并慢慢变成一种自主的行为和习惯。

2. 鼓励孩子换位思考

只考虑自己的感受，这也是孩子以自我为中心的突出表现。到底怎么才能让孩子从只考虑自己到也能关注别人的感受？

最直接的方法，莫过于让孩子亲自体验，鼓励孩子换位思考，如果不考虑别人的感受，结果会有多么糟糕。

相信很多妈妈对这样的情景都十分恼火：

孩子是典型的“低头族”，妈妈跟他说话，他往往头都不抬，只顾看手机或盯着平板电脑，不是简单地回答“嗯”敷衍了事，就是不耐烦地回一句“知道啦”。

面对这样的情况，跟孩子讲道理，不会有太大的作用。有位妈妈的做法就很有效果：

儿子放学回家后，兴冲冲地对坐在沙发上的父亲说："老爸，你知道今天……"爸爸抬头看了儿子一眼，马上面无表情地继续低下头看手机，没有表现出丝毫兴趣。

被浇了一盆冷水的儿子不甘心地来到厨房，谁知刚开口就被妈妈不耐烦地打断了："去去去，没见我正忙着啊！"

从没见过父母这种态度的儿子，先是感到失落、委屈、伤心，最后忍不住愤怒地冲爸爸妈妈喊道：

"你们到底怎么啦，为什么要这样对我？"

这时妈妈非常严肃地对儿子说：

"我们刚才的态度是不是让你感到伤心、生气？那么我告诉你，当我们平时跟你说话，你爱答不理，只顾着低头看手机的时候，我们和你现在的心情是一样的！"

"如果你不希望别人用这种方式对你，你就得学会考虑别人的感受，不用同样的方式对待别人！"

这次体验让儿子印象深刻，而妈妈的那句话他也真正记在了心里，他对父母说话的态度，也有了很大的转变。

3. 对孩子的"热要求"进行"冷处理"

孩子以自我为中心，还表现为想要的东西就必须要得到。这时候，妈妈要学会对孩子的"热要求"进行"冷处理"，不能"有求必应"。

①用"冷处理"对待孩子的"情感要挟"。

苏联劳动勋章获得者柳鲍娃夫妇，曾经分享过自己的教子心得，其中很重要的一点，是善于对孩子的"情感要挟"进行"冷处理"。

柳鲍娃夫妇有两个孩子，小的是男孩，叫舒拉。对于最小的孩子，父母难免有所偏爱，这也让舒拉养成了任性的毛病，经常哭闹来使自己的要求得到满足。

时间一长，柳鲍娃夫妇觉得不能再这样下去，否则会让舒拉产生一个错觉：什么问题都可以通过哭闹的方式解决。

一天，舒拉想在午饭前吃本应该饭后才吃的粉羹，柳鲍娃夫妇没有答应，于是舒拉便像往常一样开始哭闹。这次，柳鲍娃夫妇没有理会，而是离开了房间，将舒拉独自留在那里。

过了一会儿，舒拉发现没人理他，就停止了哭泣。但是，当柳鲍娃夫妇一进去，他又准备开始哭闹。这时父亲严厉地告诉他，如果再哭闹，就让他继续一个人待在屋子里。知道父母不会再迁就自己，舒拉没有再哭闹。

还有一次，舒拉一边哭一边偷偷观察父母的表情，发现父母都在做各自的事情，根本没有理他的意思，于是就自己停止了哭泣。

碰了几次壁后，舒拉逐渐改掉了任性哭闹的毛病。

很多孩子习惯于通过哭闹对父母进行“情感要挟”，以得到想要的东西。这是一种恶习，不能任由孩子发展。对此，我们可以采取不理会的“冷处理”方式，尽早帮孩子克服。否则随着孩子越长越大，教育起来就越困难。

② 通过“设置前提”来拒绝孩子不合理的要求。

对有利于孩子成长的合理要求，妈妈可以尽量满足，而对于孩子的不合理要求，妈妈可以通过“设置前提”的方式来拒绝。

十岁的女儿对画画儿感兴趣，于是妈妈给她报名参加了绘画班。

没过两天，女儿就吵着要买跟同桌一样的高档蜡笔。

在妈妈看来，女儿已有的普通蜡笔完全可以满足现在画画儿的需要，因此拒绝了她的要求。

当女儿提出“你要是不给我买，我就不去学画画儿了”，妈妈只是平静地告诉女儿：

“去绘画班是你自己的选择，现在你可以不去，但前提是你这个学期的零用钱得全部扣除，当作给绘画班交的学费。”

看妈妈的态度很坚决，女儿想了想，放弃了买高档蜡笔的要求。

“设置前提”的关键在于，一是“前提”要合理，有说服力；二是“门槛”要比较高：如果孩子满足了这个前提，可能失去的比想要的更多。

③ 让孩子懂得努力才有收获。

如果“要什么给什么”，孩子会觉得一切来得都很容易，不愿意付出和努力，甚至产生不劳而获的心理。因此，妈妈不妨在生活中制造一些“小障碍”，让孩子懂得“付出才有收获”。比如，让孩子通过做相应的家务来获取自己的零花钱，通过照顾好家里的金鱼、小猫、小狗来得到自己想要的玩具等等。

二 让孩子不当“玻璃人”

在百般呵护中长大的孩子，很容易成为“玻璃人”。

“玻璃人”的特点是过于脆弱，承受不了一点挫折或者不如意。

当然，一帆风顺是一种美好的期望，但是，生活不一定会按你设计的走。挫折、不如意往往会在意想不到的时候来临。

对于妈妈来说，要让孩子明白，挫折和不如意并不可怕，重要的是如何去面对。

1. 早一点打“预防针”，让孩子学会面对生活中的不如意

原本胜券在握的考试，结果成绩却不理想；本来很有把握的班干部竞选，却意外落选；自以为骄傲的特长，却被同学超越……

类似这些可以想象到的“挫折”，孩子在成长过程中几乎都会遇到，更不用说步入社会后，孩子还会遭遇一些意想不到的挫折。

我们要让孩子明白：生活不会有求必应，即使不如意也很正常，不妨早一点给孩子打“预防针”，这样孩子才不会在挫折面前不知所措，甚至采取错误的做法。

在这一点上，我们不妨学学美国前总统罗斯福的妈妈。

罗斯福小时候特别争强好胜，做什么事都想赢。妈妈觉得，只能赢不能输的个性，并不利于孩子的成长，得想办法改变这种状况。一天，母子俩像往常一样在一起下棋。这次妈妈没有“手下留情”让着罗斯福，而是连赢了他好几局。

“常胜将军”变成了“常败将军”，这可是从来没有过的事，小罗斯福根本接受不了，一生气，将棋盘摔到了地上。

罗斯福的妈妈很严肃地问他：

“你为什么要发脾气？你可以赢，别人为什么就不能赢？”

自知理亏的罗斯福低下了头。母亲接着说：

“以后你就会明白，生活中不会一帆风顺，就像下棋一样，总会有赢有输。输了也没什么大不了，就看你怎么面对！”

母亲这番话对罗斯福产生了很大的影响。

后来，当罗斯福正处于事业上升期时，一场突如其来的大病使他失去了行走能力。面对意想不到的厄运，是母亲曾经说过的话让他找到了战胜困难的勇气。

为了能够康复，罗斯福付出了十年的努力，很长一段时间，他还坚持每天爬楼梯。最终，罗斯福战胜了病魔，并积极参加竞选活动，成为美国总统。

罗斯福妈妈的做法，我们也可以运用到教育自己的孩子上，比如和孩子玩游戏时，不要为了让孩子高兴而一味让着孩子，而要让孩子明白，输赢都很正常，我们都要接受。如果这次输了，只要努力，下次还有赢的机会。

作为妈妈，不要等到挫折来了，才告诉孩子怎么去面对。越早打“预防针”，孩子越能够在巨大的落差面前迅速调整和适应。

2. 吃苦就是“进补”，从小给孩子吃苦的机会

湖南卫视播出过一档很受欢迎的栏目《变形记》，让条件优越、“有问题的”城市孩子和边远贫困地区品学兼优的农村孩子互换生活环境，记录他们的变化。那些城市孩子，在吃了各种苦头、明白了生活的不易后，都有了不同程度的改变。

对于成长中的孩子来说，适当吃苦就如同“进补”，不仅能够锻炼他们的意志力、增强责任感，还能使他们更好地应对未来的各种挑战。因此，妈妈不妨有意识地给孩子创造一些“吃苦”的机会。

著名演员、导演徐静蕾八岁的时候，父亲下海经商，由于刚开始缺乏经验，父亲赔了不少钱。有一个月，家里的基本生活都成了问题。父亲于是找来一堆废料，全家人有空就坐在院子里，将废料中值钱的部分挑出来，然后拿出去卖。

尽管徐静蕾当时才上小学，但父亲还是给她布置了每天挑两小时废品的任务。当时正是冬天，奶奶看徐静蕾双手冻得又红又肿，心疼不已，想让她回屋暖和暖和，但却被徐静蕾的父亲阻止了。

其实，父亲也很心疼女儿，第二天就买了双棉手套给她戴上，但始终坚持让她和全家人一起干活。

在父亲看来，可以关心女儿，但该有的磨砺一定要有，否则孩子一旦养成怕苦怕累的毛病，将来只会一事无成。

为了让孩子学会“吃苦”，妈妈们可以学习徐静蕾父亲的做法，让孩子和家人一起承担某项比较繁重的工作，或者带孩子去贫困的地方体验生活，等等。

3. 不当“小绵羊”，鼓励孩子迎难而上

面对挫折和困难，孩子很容易产生畏难情绪，想要后退，这时，妈妈要

学会鼓励孩子，让孩子能够迎难而上。

著名京剧演员郑子茹和法国丈夫结婚后，生下了混血女儿欢怡。

随着女儿一天天长大，她发现女儿的胆子比较小，不该忍让的时候女儿也会忍让。

一次，郑子茹带女儿去公园玩。法国的公园都有供小朋友玩耍的软沙坑，小朋友可以拿小水壶到水池边接水，然后到沙坑里盖城堡。她发现女儿过了半小时还没有接到水，于是问她怎么回事。欢怡回答说，别的小朋友总是抢，总不让她接。

于是郑子茹告诉女儿，水池是为所有小朋友准备的，每个人都可以接水。如果再有小朋友来，你可以告诉他们应该排队。为了锻炼女儿，她仍然让女儿自己去接水。

当欢怡走到水池边时，有一个小男孩过来试图推开正要接水的欢怡，因为有妈妈的鼓励，这次欢怡没有退让，而是按照妈妈教的让小男孩排队。由于欢怡的坚持，这一次她顺利接到了水。

孩子接水，看起来是一件小得不能再小的事情，但如果解决不好，就会成为孩子的一个心结，以后遇到类似的事情，孩子都会习惯性地退缩。

因此，当孩子遇到问题时，妈妈们一定要鼓励孩子勇敢面对，这样孩子就会在解决问题中找到自信，当挫折来临时也不会惧怕。

其中有三点特别关键：

第一，解决问题要及时，当下的问题当下解决。

第二，父母要帮孩子找到解决问题的方法，就像郑子茹告诉女儿的一样：再有小朋友来抢水，就告诉他们应该排队。

第三，找到方法后，不要替孩子去解决，而是鼓励孩子自己去解决。

4. 让孩子明白"生气不如争气"

孩子遇到挫折和不如意，往往会感到沮丧、生气，甚至会觉得不公平。这时候，妈妈要学会帮助孩子调节情绪，让孩子明白生气无济于事，"争气"才是解决问题的方法。

在一次研讨会上，一位妈妈分享了她的故事。

她十四岁的女儿这几天非常懊恼，因为她在班长竞选中落选了。

女儿从小学开始就一直是班长，所以这次落选对女儿打击很大。

妈妈将这一切都看在眼里，并选择在周末和女儿一起去公园玩的时候，讨论起了这个问题：

"看得出来，因为落选的事，这几天你很不开心。"

女儿低着头，没有说话。

"你是不是觉得心里很委屈？"

女儿点了点头。

"你愿不愿意和妈妈谈谈你的感受？"

"他们说我架子大，平时总爱教训人。还有，我的口才不如罗丽，前几天还在辩论赛中输给了她。"

罗丽在这次竞选中以最高票数获得了班长的职位。

妈妈安慰她说："其实你也有很多优点，比如热心帮助同学，去年你同桌的脚受伤了，整整两个月你每天都背着她上下楼。我想，这些同学们都会记在心里。

"落选已经是事实，生气也没有用，不如我们想一想如何改正缺点，找一些提升自己的方法，相信你很快又会赢得同学的尊敬，赢得下一次的竞选。你说好吗？"

女儿想了想，点点头。

从那以后，女儿开始有意识地改善和同学的关系，慢慢地，大家相处得越来越融洽。

同时，妈妈还经常利用周末的时间，组织小型的家庭辩论赛，第一次辩论的主题就是“挫折有没有积极作用”。

这不仅锻炼了女儿的表达能力，还让她通过思考，提升了自己对挫折的理解。

第二学期，女儿几乎以全票通过，又当上了班长。

挫折带来的影响到底是积极的还是消极的，关键在于用什么样的态度去面对。

在这个案例中，妈妈在女儿遭受挫折的时候，通过正确的引导，让女儿明白“生气不如争气”，最终将挫折变成了孩子成长的最佳契机。

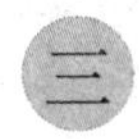 让孩子告别“拖延症”

上学时间快到了，孩子还赖在床上不起床；一个星期前老师布置的作文，第二天就要交了，孩子却还没动笔；本该是做作业的时间，孩子却还坐在电视机前不肯走……类似的情景，几乎每个妈妈都曾遇到过。

要让孩子告别“拖延症”，妈妈们可以借鉴以下几种方法：

1.“要事优先”，让孩子先做作业再去玩

孩子做作业拖沓，是不少妈妈都特别苦恼的问题。怎么才能让孩子做作业不“磨洋工”？妈妈不妨采取“要事优先”的方法。

所谓“要事优先”，就是先做重要的事情。具体到做作业，就是要让孩子明白，只有先完成作业，才可以做别的事情，比如看电视或者出去玩。

对于“要事优先”，中国人民大学附属中学一名学生的妈妈是这样做的。

从儿子上学前班开始，她就给儿子定了一条规矩：放学后马上完成作业，否则全家都不许吃饭。

刚开始儿子有点不适应，想先看看动画片或者出去玩一会儿，

但她丝毫没有让步。

一天，儿子放学后经不住小伙伴的劝说，没有写作业就出去玩了。等儿子回来开始写作业，已经快到吃饭时间了。妈妈没有像往常一样去厨房做饭，而是陪儿子做作业做到晚上七点多。

饥肠辘辘的儿子催她去做饭，她却告诉儿子，得等他做完作业才能去做饭，因为没有事情比学习更重要。那天晚上，全家八点多才吃晚饭，往常例行的饭后散步和讲故事也都取消了。

明白了“没有事情比学习更重要”后，儿子开始主动做作业，逐渐养成了一回家就做作业的习惯。

而只要儿子按时并认真地完成作业，她也不会给儿子增加额外的练习，而是允许儿子做自己想做的事情，以此作为奖励。这样，就更加调动了儿子完成作业的积极性。

“要事优先”不仅可以用在完成作业上，还可以应用到其他事情中，核心是将重要、紧急和关键的事情首先完成。

学会“要事优先”，不仅能够让孩子懂得分辨轻重缓急，也会让孩子产生紧迫感，促使孩子赶紧行动，减少拖延。

当然，对于自觉性还不够的孩子，在运用“要事优先”原则的时候，可以采取一定的奖惩措施，比如像前面案例中的妈妈一样，孩子如果不完成作业就不能吃饭；如果完成了，剩下的时间可以允许孩子自由支配。

2. 培养孩子的专注力，“磨蹭”会逐渐减少

有时候孩子磨蹭，是因为注意力难以集中。这件事没有做完，就想去做其他事情，或者同时被好几件事情吸引，什么都想做，结果什么都做不好。

山东女孩王霄在全国初中生生物、英语奥林匹克竞赛中均获得一等奖，由于表现出色，被评为“北大之星”。

但让人想不到的是，这样一个出色的女孩，一度却是学校里公认的差生。是妈妈冯莉让她发生了彻底的转变。

和很多孩子一样，王霄从小也有拖沓的毛病。对此妈妈冯莉也很苦恼，但觉得孩子长大了或许会慢慢改善。然而等上了初中，冯莉发现女儿的毛病不仅没有改善，反而越来越严重。

开学时，学校就组织了一次考试，七科考试，王霄都是最后一个交卷，每科都只做了前半部分的题，后半部分的题都没来得及做。老师立即通知了冯莉，冯莉看了女儿的试卷，很生气。

为了让女儿加快做题的速度，冯莉没少督促她，但却没什么效果，说多了女儿还很反感。因为做题慢，初一期中考试，王霄考了全班倒数第三名，成了名副其实的差生。

看着王霄的成绩单，冯莉心里很着急，她意识到必须想办法改掉女儿拖沓的毛病。

冯莉没有急于采取行动，而是先寻找女儿拖沓的原因。经过观察，冯莉发现，女儿注意力很不集中，吃饭的时候边吃边玩，做作业的时候也是边做边玩，这也是王霄做什么都慢的原因。

为了培养王霄的专注力，冯莉想出了一个办法。一天晚上，冯莉拿了一小把大米放在女儿面前，说如果她能在一分钟内数出有多少粒大米，就奖励她一根雪糕。王霄一听来了精神，觉得这也太简单了，没一会儿，王霄就顺利完成了任务，赢得了雪糕。

见游戏引起了女儿的兴趣，冯莉非常高兴，每天晚上都增加大米的数量，时间也渐渐拉长，当然奖励内容也更加丰富。随着大米数量越来越多，王霄开始走神儿，忍不住看这看那。但为了在规定的时间内完成任务获得奖励，王霄还是尽量克制自己。

过了一段时间，冯莉惊喜地发现，女儿不仅数大米时的注意力开始集中了，而且做其他的事情包括做题的速度，都开始明显加快。

冯莉的做法，很值得我们学习。培养孩子的专注力，除了数米粒，我们还可以根据孩子的实际情况采取不同的方法。比如，对于坐不住的孩子，可以跟孩子约定，如果他能安安静静地坐上十分钟（或者更长），就可以吃一块巧克力；对于没有耐心阅读的孩子，可以每天准备一个不太长的故事，如果他能一次阅读完并讲出故事的内容，就可以获得奖励。

3. 实施限时制度，提高孩子的自控力

让孩子告别“拖延症”，还有一个有效的方法：用限时制度来提高孩子的自控力。

很多时候，孩子的拖沓与缺乏时间观念有关，导致原本能够很快做完的事情拖了很久还没有完成。

我们再来看看为了让女儿改掉拖延的毛病，冯莉是怎么培养王霄的时间观念的。

为了提高女儿的做事效率，冯莉开始给王霄规定时间，比如吃饭不超过二十分钟，早上的洗漱时间不超过五分钟，晚上做作业的时间不超过一个半小时。如果超过时间，就必须停止做这件事。

一次，王霄没在规定的时间内完成作业，冯莉不让她继续做。第二天因为交不了作业，王霄被老师在班上点名批评。王霄很难过，回家后忍不住哭了起来。

冯莉看了，心里也不好受，但她并没有因此迁就女儿，而是告诉女儿，该做的事情如果不能在规定的时间内完成，就得自己承担后果。不仅如此，她还要求女儿不能因为追求速度快就马马虎虎，而是要在仔细的基础上提高速度。

为了让女儿挑战自我，冯莉还特意给王霄买了一本“监督台历”，让她每天将自己吃饭、做作业等事项所用的时间都记录在台历上，然后进行比较，看是否每天都有进步。

这些方法，非常有助于王霄战胜“拖延症”。初一期末考试，她在规定的时间内顺利答完了所有题目，并且取得了全班第三名的好成绩。

为孩子制定限时制度，是一种帮孩子战胜“拖延症”的简单而有效的方法。刚开始实施的时候，我们可以借助一些小道具，比如给孩子设定闹钟等。如果孩子在规定时间内完成了任务，可以适当给予孩子一些奖励。

好妈妈总有好方法

第三单元

好方法如何改善你与孩子的关系

第十一章　通过完善自己改善关系

本章提要

除了关心孩子的成长，妈妈们还格外关心如何处理好与孩子的关系。

曾几何时，孩子是妈妈最大的欣慰与快乐。可现在，为什么开心变成了闹心，心头肉变成了心头刺呢？有的妈妈可能会感叹付出没有回报，责怪孩子太不懂事。

当你觉得孩子越来越难管、越管越糟糕，甚至越管亲子关系越紧张的时候，请你警醒：问题或许不在孩子身上，而在你自己身上。

当你把改变的重心，转到自己身上，也许奇迹就会发生。

一、要孩子做到，请自己先做到

二、要孩子出色，请自己先成为“标杆”

一 要孩子做到，请自己先做到

家庭教育中，我们最容易出现的一个问题，是只严格要求孩子，却不严格要求自己。比如，要求孩子养成爱阅读的好习惯，可自己一年读过的书加起来不超过五本。再比如，我们要求孩子有行动力，但自己做起事来却拖沓磨蹭。自己不完美，却要求孩子完美，这是不少妈妈的通病。

当我们自己做不到却要求孩子做到时，孩子就很容易产生逆反心理：你自己做不到，为什么要求我做到？因此，要想让孩子做到，我们首先要改变自己，以身作则。

1. 唯有自己做得到，才能让孩子心服口服

在网上曾经流传过这样一段话，引起了很多孩子的共鸣：

每个人的童年都有一个“共同的敌人”，那就是“别人家的孩子”——“别人家的孩子”永远考第一，“别人家的孩子”琴棋书画样样精通……

但当我们责备孩子“人家能考第一，你为什么考不了第一”时，如果孩子反问我们：“人家的父母开宝马，住别墅，你们呢？”我们又该怎么回答？

就像有个孩子在信里跟妈妈说的那样：“我已经很努力了，但确实做不到

像某某那样优秀。而且，我从来不说别人的妈妈如何漂亮，别人的妈妈如何能干，别人的妈妈如何有学问。”

这样的现象很值得我们反思。我们期望孩子与众不同、出类拔萃、样样都不比其他孩子差，但反过来想想，我们自己是否也做到了与众不同、出类拔萃、样样都不比别人差？

因此，我们需要改变自己的观念，不把孩子和其他人做不切实际的比较，而是从自己做起，从身边的点点滴滴做起，用自己的言行去影响孩子。

妈妈的言行对孩子的影响到底有多大？星星河家园创办人徐国静深有体会。

> 女儿四岁的时候，因为觉得学体操太苦太累，回家跟她抱怨说不想学了。徐国静觉得这是一个引导女儿树立吃苦耐劳精神的好机会，于是很严肃地跟女儿谈了一次话，告诫女儿只有胆小鬼才会遇到困难就后退。
>
> 后来，徐国静的单位组织集体报名学车，因为是夏天，她觉得太辛苦又不方便，于是决定放弃。
>
> 当她在饭桌上无意间说起这件事时，没想到女儿却说了句：原来妈妈也是胆小鬼！

这让徐国静突然意识到，父母给孩子讲多少大道理都没有用，孩子看的是大人怎么做，身教要远远胜于言传。

类似的情景在生活中并不少见：父母一边通宵玩麻将，一边却要求孩子认真读书；一边随手将大量的剩饭剩菜倒掉，一边却告诉孩子要节约、不能浪费；一边随手乱丢垃圾、攀摘花木，一边却要求孩子懂文明、讲礼貌……

如果我们的言行不一致，甚至对待自己和对待孩子采用的是双重标准，后果将会很糟糕。首先孩子会感到混乱、无所适从，不知道到底怎么做才对。

另外，如果我们经常说一套做一套，那么孩子就会逐渐对我们失去信任，我们所说的、所要求的，将对孩子逐渐失去作用。

2. 唠叨一千遍，不如在孩子面前做一遍

“我都跟你说过多少遍了，你为什么还是做不好？”类似的苦恼和困惑，很多妈妈都曾有过。其实，与其跟孩子讲很多道理，唠叨千遍，不如在孩子面前做一遍。

曾经就读于南京某中学的易菲菲，是江苏省首位被哈佛大学录取的高中生。易菲菲的妈妈是南京林业大学的教职工，在教育女儿的时候，易妈妈就非常懂得运用方法。

> 菲菲读小学五年级时，一天妈妈检查她的作业，发现她的自然课作业做得比较马虎。一问才知道，那天轮到菲菲她们小组做值日，因为值日结束才开始写作业，时间比较紧张，所以她只用心做了语文、数学这些主科作业，对平时不怎么重视的自然这一副科，则匆匆忙忙写完了事。
>
> 但在妈妈看来，孩子这样的想法是不对的，学习本来就没有主、副之分，何况学好自然课能为将来学习其他科目打好基础，不能让孩子偏科。
>
> 于是，她耐心地跟女儿讲了学好自然课的重要性，并且告诉女儿，只要是和学习有关、能够增长知识的事，就要用心对待，丝毫不能马虎。
>
> 女儿听了之后，表示以后不会再出现这样的情况。但妈妈发现，仅靠讲道理，对孩子的影响很有限，还需要想办法让女儿有更加深刻的认识。
>
> 很快，妈妈就找到了机会。

一次，她帮学校里一个本科生修改毕业论文。因为论文涉及一些新的、她不太了解的内容，她查阅了大量资料，经过反复修改才满意。

对此，孩子的爸爸觉得，修改一篇本科生的论文，值得花费那么多时间和精力吗？菲菲也觉得不太理解。

于是，妈妈非常严肃地对女儿说，别人将论文交给自己，是对自己的信任。何况，论文的角度很新颖，在查阅资料的过程中，自己也能学到很多新的知识，如果能够丰富和提升自己，那么花多少时间和精力都值得！

妈妈这种做事认真负责、一丝不苟的态度，对菲菲有很大的触动。

不久后的一天，学校组织同学们去福利院慰问孤儿，老师要求大家去的时候，都带一件自己做的小礼品作为礼物。菲菲为了做出一件满意的礼物，反复做了好几次，甚至连饭都忘了吃。

对于菲菲这种认真做事的态度，妈妈立即给予了肯定。而菲菲也更加理解妈妈所说的“要么不做，要做就要做好”这句话了。

说得再多，不如做给孩子看，这的确是影响和改变孩子非常有效的方法。其实，“做”可以渗透在日常生活的点点滴滴之中，其核心是：

先说给孩子听，再做给孩子看，然后让孩子试试看。在孩子试着做的时候，我们要在一旁提醒、纠正。

举个最简单的例子，如果孩子衣服太脏，洗衣机也洗不好，你可以让孩子用手搓洗干净。但如果孩子简单搓揉几下，还是没有洗干净，这时候，你与其唠叨孩子怎么连件衣服都洗不干净，不如先告诉孩子洗衣服的步骤，并做一遍给孩子看：先在盆中加入温水，然后将适量洗衣粉倒入盆中并充分搅匀使其溶化，接着将衣服完全泡入水中静置二十分钟，之后对脏的地方进行重点揉搓，最后换干净的水漂洗几次，直到水清为止。

在演示完之后，我们可以让孩子试着去做，并在旁边给予必要的提醒和指导。

这样，经过几次练习，孩子很快就能掌握做事的程序和技巧。这比只用嘴说要管用、有效得多。

3. 越能做到不一般的事情，越能给孩子震撼般的影响

查尔斯·詹姆斯·福克斯是英国著名政治家，因为言而有信，他在政界颇受赞誉。而这种品格的养成，与他父亲的教育密切相关。

福克斯小时候，父亲就一再告诉他，做人一定要讲诚信。父亲不仅是这样说的，也是这样做的。

一次，父亲准备将花园里的亭子拆掉重建。对于怎么拆亭子，福克斯很好奇，便请求父亲拆亭子的时候叫上他，父亲随口答应了。

但后来拆亭子时，福克斯刚好去了亲戚家，父亲也没想那么多，让工人把亭子拆掉了。

福克斯回家后发现旧亭子不见了，很不高兴，忍不住埋怨父亲说话不算数。

父亲听了之后，觉得自己的确做得不对，不仅向福克斯道了歉，还做出一个让人意想不到的决定：他让工人在原来的位置上重新建了一座和旧亭子一模一样的亭子，然后再当着福克斯的面拆掉。

老福克斯用自己的非凡之举，践行了“言而有信”的理念，尽管损失了金钱，但却在小福克斯的心中深深地种下了“诚信”的种子，成为他一生的财富。

诺贝尔文学奖获得者莫言在发表获奖演说时，曾谈到他小时候让他印象最深刻的一件事。

那是一个中秋节的中午，家里难得地包了一顿饺子，每人只有一小碗。正当他们准备吃饭时，一位年老的乞丐来到了他们家的门前。莫言端了半碗红薯干打发他，这让老人愤愤不平，责问莫言道：“我是一个老人，你们吃饺子却让我吃红薯干，你们的心是怎么长的？”

老人的话让莫言很生气，他没好气地对老人说：

“我们一年也吃不了几次饺子，一人才一小碗！给你红薯干就很好了，你要就要，不要就滚！”

母亲这时候走了过来，训斥了莫言，并且将自己的那半碗饺子，全部倒进了老人的碗里。

在难得吃一顿饺子，并且每人只有一小碗的情况下，很多人或许也会像莫言一样，觉得能给老人半碗红薯干就已经很不错了，但莫言的母亲却毫不犹豫地将自己碗里的饺子全部倒给了老人。

母亲的善良以及对人的尊重，对莫言的一生都产生了深深的影响。

的确，父母越能做到不一般的事情，越能给孩子震撼，给孩子带来终身的裨益。

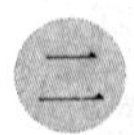

要孩子出色，请自己先成为“标杆”

孩子最先学习和模仿的，就是父母的一言一行。因此，要培养出优秀的孩子，我们首先要为孩子做出榜样，成为孩子学习的“标杆”。

1. 孩子首先学习的是你的背影

当我们明白自己的一言一行都会影响孩子时，那么不管做任何事情，我们都应该先想一想，会给孩子带来什么样的影响。

新东方的创始人俞敏洪曾经谈到过这样一件事情：

有段时间，他和妻子当着孩子的面，经常议论别人，哪个人人品好、哪个人人品不怎么样，哪个人小气、哪个人大方，等等。有一天，他女儿从学校回来，就跟他讲班上哪个同学好、哪个同学势利眼。

于是，俞敏洪教育女儿，不能说同学的坏话，要学习同学的优点。

结果女儿马上反问他：“你跟妈妈在一起的时候，不也议论很多叔叔阿姨吗？我为什么就不能说同学的坏话？”

女儿的话令俞敏洪哑口无言，也让他意识到大人怎么做，孩子就会怎么模仿。于是从那以后，他和妻子定了一个规矩，在孩子面前不议论别人的缺点，即使要说，也只能说对方的好话。

由此可见，我们的言行对孩子的影响有多大。我们的行为就是孩子的“标杆”，只有“标杆”正，孩子的言行才会端正。反之，孩子的行为就会出现偏差。

需要指出的是，有些言行是我们特别不应该让孩子看到的。新浪网曾刊登的一篇名为《父母不该让孩子看到的四大恶习》的文章，就总结得很好：

①不要在孩子面前吵架动粗，否则容易让孩子产生不安全感。

②不要在孩子面前抱怨生活或表露颓废的情绪，否则容易让孩子形成颓废的生活态度。

③不要在孩子面前无理责骂或批评他人，否则会让孩子学会不良的处世方式。

④不要在孩子面前用偏激的言行来表达对事物的看法，否则孩子也容易偏激，无法全面看世界。

2. 无形中的素养也可能影响孩子一生

很多时候，即使我们不说，但我们处理事情的方法、待人接物的方式、对待生活的态度等等，都会被孩子看在眼里，给孩子带来潜移默化的影响。

中华家教网曾刊登过一篇文章，写的是一个高二的女孩因为妈妈的一盒黄瓜头而挽救了自己。

在女孩很小的时候，妈妈就下岗了。无奈之下，妈妈只好通过给人修车来维持生计。因生活所迫，女孩小时候每天早上都和妈妈一起去菜市场捡别人丢弃的菜叶。

家境的贫寒使得自己吃的、穿的、用的，永远都是班里最差的，这让她觉得很自卑，在同学面前抬不起头，慢慢地，她越来越沉默内向。高二那年，她觉得生活没有意思，想一了百了。在结束生命之前，她决定去看母亲最后一眼。

在修车师傅中，妈妈是仅有的两位女性中的一位。她看到妈妈旁边的柱子上，多挂了两样别人没有的东西：一副羽毛球拍和一个饭盒。

妈妈告诉她，自己到了中年，得多锻炼才不容易发胖，羽毛球拍就是在没有生意的时候和别人一起锻炼用的。

而饭盒里则是一盒黄瓜头，也就是吃黄瓜时掰下来的尾巴，她不舍得扔，都留了下来，有空就用它擦擦脸，当作美容。而这也是妈妈唯一的护肤品。

女孩突然发现，妈妈不仅很爱美，而且一直很乐观。虽然家里很穷，但她从来没有见妈妈发过愁，也没有听妈妈抱怨过。在妈妈的修车摊儿坐了一会儿，女孩决定回到学校，好好读书，从此再没有产生过轻生的念头。

后来，女孩考上了大学。回想起这段经历，她说，是妈妈的黄瓜头挽救了她，让她学会了用积极的态度去生活。

苏联教育家马卡连柯曾经说过：

“不要以为只有在你们同儿童谈话、教导儿童、吩咐儿童的时候，才是进行教育。你们生活的每时每刻，甚至你们不在家的时候也在教育儿童，你们怎样穿戴，怎样跟别人说话，怎样议论别人，怎样欢乐和发愁，怎样对待敌人和朋友，怎样笑，怎样读报……这一切，都对儿童有着重要的意义。”

这的确是教育的至理名言，作为母亲，我们时时刻刻都需要提醒自己，教育存在于每一个细节当中。我们所要做的，就是尽量让每一个细节都传递给孩子积极的能量，发挥正面的作用。

3. 培养“知非即离”的觉知力

“知非即离”，也就是当我们一旦察觉有做得不对、不好的地方，就能够立即停止并且马上改正。

培养“知非即离”的觉知力，会给孩子树立很好的榜样，同时也能让我们和孩子的关系更加密切。

著名电视节目主持人杨澜在这一点上就做得很好。

有一次，杨澜和先生当着孩子的面发生了激烈的争吵，当时的场面把孩子吓坏了。

两人平静下来后，立即意识到刚才做了一件非常可怕而糟糕的事情。于是两人来到孩子的房间，抱起孩子，诚恳地对孩子说：

“刚才爸爸妈妈在你面前争吵，而且用了很不雅的语言，这是非常错误的事情。大人有时也会做愚蠢的事情，刚才爸爸妈妈的做法就很愚蠢，为此我们真诚地向你道歉，希望你能原谅爸爸妈妈。另外，尽管刚才我们发生了争吵，但爸爸妈妈还是很相爱的，我们也不希望你因为刚才的事情受到任何惊吓和伤害。”

杨澜和丈夫的举动，很好地安抚了孩子的情绪，孩子也表示愿意接受他们的道歉。

这件事给杨澜留下了深刻的印象，也让她时刻提醒自己，在孩子面前，要学会控制自己的情绪。

杨澜的这种做法，就是典型的“知非即离”。“知非即离”的核心有三点：

第一，要对自己不恰当的言行，有很强的觉察能力；

第二，一旦觉察，能够立即反省，马上改正；

第三，时刻提醒自己，不再做同样的事情。

第十二章　通过改善沟通改善关系

本章提要

“我想走进你的世界，你不让；我想你走进我的世界，你又不来。”这是很多妈妈共同的心声。

据调查，“和孩子沟通难”已经成为妈妈们最苦恼的问题。

孩子的心里话不跟妈妈说，妈妈也不知道孩子在想什么，找不到共同的话题；当青春期遭遇更年期，“交流”变成了“交火”……沟通困难，不仅影响孩子和父母之间的关系，也不利于孩子的成长。因此，掌握沟通的技巧，通过改善沟通来改善关系非常重要。

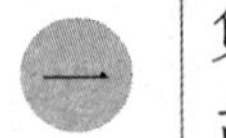

负面沟通步步雷区，正面沟通处处阳光

不良的情绪加上不恰当的语言，是造成负面沟通的主要原因。负面沟通不仅达不到目的，还会引发孩子更加强烈的抵触和对抗情绪。

而正面沟通，则是采用孩子更能接受、更能解决问题的方式进行沟通。

妈妈在和孩子沟通时，要尽量正面沟通。

1. “一句话能让人笑，一句话能让人跳”

有一次，我们问一个十六岁的少年为什么不愿意和妈妈交流，他回答说：

“我讨厌她一跟我说话就像开批判会，家里又不是法庭，她为什么非得把自己弄得跟个法官似的。”

由此可见，懂得说话的技巧是多么重要。中国有句古话：“一句话能让人笑，一句话能让人跳。”同样的意思，用不同的语言表达，效果就会完全不一样。

周末，十八岁的女儿发型奇特，穿着吊带露脐装准备出门和朋友逛街。

坐在客厅的妈妈一看，立即皱起了眉头：

“看你穿成什么样子，赶紧回屋换掉。”

原本觉得自己挺美的女儿一听，也很不高兴：

“穿成这样怎么了？别人能穿，为什么我就不能穿？你整天就知道管我，连穿件衣服都没有自由，烦不烦！”

“我是你妈，我不管你谁管？你穿成这样，邻居看见了会怎么想？”

“哼，说来说去就是为了你的面子。他们愿意怎么想就怎么想，关我什么事！”

说完，女儿摔门出去了，留下妈妈一个人在家里生闷气。

在这次失败的沟通中，妈妈没有站在女儿的角度，理解女儿正处在爱美的年龄，喜欢新潮的打扮是很正常的事，一开口就让双方的情绪形成了对立，女儿也不愿意去理解妈妈的担忧。

这样沟通起来，自然就是你觉得你有理，我觉得我有理，无法顺畅地沟通。但如果换一种说话的方式，效果可能就会不一样。

妈妈这次没有大惊小怪，反而带着欣赏的眼光由衷地赞美了一句：“我女儿今天可真漂亮！”

女儿有点诧异地看了妈妈一眼。

“像你这样的年纪，就应该把自己打扮得漂漂亮亮。妈妈像你这么大的时候，想打扮都没条件呢，最多也就在头发上别个小发卡。”

妈妈的话让女儿的心情好极了。

“不过说实话，让这么漂亮的女儿走在大街上，妈妈还真有点不放心。你记不记得前两天看电视，有个女孩穿得很漂亮走在大街上，结果被坏人盯上了？”

女儿看了妈妈一眼，转身回去换了一件短袖衫穿上：

“这下您不担心了吧？”

在这次沟通中，妈妈没有一开始就否定女儿，而是对女儿的行为表示理解，并且赞美了女儿，然后再适当地表达自己的担忧。而心情愉快的女儿，也针对母亲的担忧做出了让步。

妈妈的目的都是让女儿出门时穿着不要太暴露，第一种沟通方式，不仅没有效果，反而让母女之间的关系变得更加紧张；而第二种沟通方式，却轻轻松松地让女儿做出了让步。

很多时候，沟通的效果不理想，是因为妈妈总是以自己的经验、是非标准和好恶决定孩子做什么、不做什么，却忽略了孩子是独立的人，他的想法也应该得到尊重。只有彼此都能够尊重对方，沟通起来才能够没有阻力。

2. 立足于解决问题，而不是谁占上风

正面沟通很重要的一点，是立足于解决问题，而不是争论谁对谁错，更不是谁一定要占上风。

妈妈疲惫不堪地拎着大包小包从超市回来，随手将儿子最爱吃的冰激凌放在窗台上。

等儿子发现的时候，冰激凌已经快融化了。

儿子有些不高兴，忍不住埋怨说：

“妈妈你怎么老是心不在焉，乱放东西？”

很多妈妈听了，心里可能会不舒服，觉得自己的权威受到了质疑，甚至恼羞成怒：

“臭小子，我每天那么辛苦，你不帮忙就算了，居然还这么说。”

本来孩子一句无心的话，却因为妈妈的过激反应，让气氛变得格外紧张。

而有一位妈妈是这样做的，她不仅没有生气，反而笑眯眯地说：

“儿子，你说得没错，妈妈确实很多事都没做好，不过有一件事却做得非常漂亮。你知道是什么吗？”

儿子摇了摇头。

“那就是——生了你这个可爱的宝贝。”

然后，妈妈指了指窗台：

“现在，麻烦你帮我把这个放到冰箱里去。”

孩子一听也笑了，不仅马上将冰激凌放进了冰箱，还主动帮妈妈倒了一杯水。

这就是正面沟通的魅力。

作为妈妈，不一定时刻强调自己的“尊严”和“权威”，更不要认为自己是妈妈，就做得一定对。

有时候，承认自己做得不够好，用幽默或其他亲切的方式去化解矛盾，反而能让自己和孩子的关系更加亲密。

3. 要主动走近，别各自疏离

沟通中最糟糕的方式，是因为不好沟通、害怕沟通，最后干脆不沟通，彼此疏远，关闭心门。

其实，在和孩子的沟通中出现问题很正常。作为妈妈，要主动走近孩子，倾听孩子的心声。

曾在中央电视台看过这样一个节目：

母亲是一位普通的上班族。为了儿子的教育，母亲可谓费尽了心思：给孩子报各种兴趣班；拿出不多的积蓄给孩子买电脑；四处求人，才让儿子顺利进入高中……

但儿子的表现却并不尽如人意，从小就很调皮，学习不用心，却热衷于鼓捣各种“小玩意儿”：拆玩具、修理收音机、制作航模……而母亲给他买的电脑，也被他用来玩游戏。每次家长会，他都是“典型案例”。

有一次家长会，儿子又被老师当作“反面典型”，气愤至极的母亲忍不住当着班主任的面扇了儿子两耳光。而这也让母子之间的关系彻底降到了冰点！

母亲对孩子的状况感到绝望，为了找点精神寄托，她养了条狗，因为她觉得，养狗比养儿子要简单。

那儿子又是怎么想的呢？

儿子觉得，自己越来越搞不懂妈妈。妈妈天天眉头紧锁，不停唠叨，还一点都不理解自己的兴趣爱好。

周末的时候，他只想修理一下收音机，可妈妈却非要让他参加各种辅导班。他制作的航模得了奖，妈妈却不屑一顾，只对分数感兴趣。

妈妈每次开完家长会都会愁眉苦脸，他也不希望妈妈这样。但他不明白到底出了什么问题，为什么妈妈对老师的话深信不疑，认为他在跟所有人作对，他只不过是想做自己喜欢的事而已。他也想跟妈妈谈心，但每次妈妈都要让他先承认错误，可他并不认为自己犯了什么错。

最后，儿子说了这样一句话：“妈妈最近心情不好，我很难过。但她现在已经不那么关心我了，因为家里多了一条狗！”

这是个很有意思的案例，其实母子都有沟通的愿望，也希望僵持的关系能够得到改善，但因为双方想的完全不在一个点上，母亲认为儿子不应该将精力浪费在无用的小事上，儿子觉得做自己喜欢的事情没什么错，从而导致沟通无法进行。

是妈妈错了吗？

望子成龙，好像也没有什么错。但如果只考虑自己的想法，那么妈妈的确有值得改进的地方。

孩子说得也没错，自己有权利做自己喜欢的事情。

孩子的要求并不过分。如果妈妈不顾孩子的感受，一味地压制孩子，孩子必然会反感、不理解。

所以很多时候，妈妈不要先急着坚持自己的观点，而要先想一想，孩子这样说，这样做，是不是也有他的道理？

如果能够站在孩子的角度，和孩子想到一起，那么结局就可能完全不同。我们来看一个著名的教育专家是如何与孩子实现“零阻力”沟通的。

> 卡尔·威特是德国著名的早期教育专家，著有《卡尔·威特的教育》一书。一次，他专门为儿子小卡尔和他的小伙伴们组织了一次射箭比赛。
>
> 虽然孩子们都是第一次当射手，但其中好几个孩子都射得非常准。
>
> 出人意料的是，一向聪明的小卡尔却表现得非常差劲，不是对不准靶心就是力度不够。
>
> 为此，小卡尔沮丧极了。
>
> 于是，威特将小卡尔叫到了一边：
>
> “卡尔，你怎么啦？你是不是因为自己落后感到难过了？”
>
> “是的，我觉得自己太笨了。”
>
> “你怎么会这么想呢？每个人都有自己的长处和短处，这很正常啊！虽然你没有他们射得准，但我相信你多练习几次一定能掌握技巧。”
>
> “可我已经尝试好几次了，我想自己不可能超过他们了。我都害怕了。”
>
> “害怕？害怕什么，失败吗？”
>
> “我越射不准就越害怕，越害怕就越不行。”
>
> “我想，你射不准并不是因为这方面不行，而是心理在作怪。你

在其他方面都很优秀，所以不甘心在射箭上落后于人。一开始你就有心理压力，而这种压力正是你射不准的原因。”

“你说得没错，我就是害怕不如他们。”

“既然知道原因，为什么不放开一点呢？反正这只是一个游戏，谁胜谁败都没有关系。”

听了父亲的话，小卡尔放下了心理负担，重新回到了赛场。这一次，卡尔射得非常准，连续三次都射中了靶心。

我们不妨做一下对比：

前面的那位妈妈，只从自己的感受出发，用自己认为最重要的东西——分数来束缚孩子，根本不考虑孩子的感受，因而导致了很糟糕的沟通结果。

而卡尔·威特的做法却恰恰相反，他时刻都在考虑孩子的情绪，从而让沟通畅通无阻。

我们不妨学学他和孩子沟通的步骤：

① 当孩子出现问题时，不要当众批评，而是将孩子叫到一边，避免伤害孩子的自尊心。

② 不要直接进行指导，而要先认可孩子的情绪，当孩子觉得自己被理解了，才会没有顾虑地说出心里话。

③ 知道孩子的心理症结后，不要指责或教训孩子，而要通情达理地说有这种感受很正常，鼓励孩子说出自己最大的顾虑。

④ 合理分析孩子的顾虑，有针对性地化解孩子的畏难情绪，让孩子能够听进去并且接受。

⑤ 让孩子卸下心理负担，轻装上阵，从失败的阴影中走出来并获得成功。

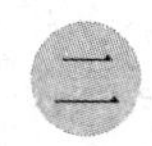

让孩子打开心扉的四大秘诀

要拉近和孩子的距离，让孩子打开心扉，实现“零阻力”的沟通，妈妈们有几点需要特别注意：

1. 关心孩子关心的事情，他才可能对你关心的事情上心

要想和孩子的沟通变得顺畅，很重要的一点是不要总强调自己在乎什么、关心什么、觉得什么重要，而要学会关心孩子关心的事情，这样孩子才可能对你关心的事情上心。

宁波一位年轻妈妈崔华芳曾在自己的书中写过这样一件事：

一位单亲孩子的爸爸长期在外面做生意，十岁的儿子东东与爷爷奶奶一起生活。爸爸每两天会打一次电话回家，但是，儿子却不愿意与爸爸说话。

有一次，爸爸又打电话回家，接电话的正好是儿子。

“儿子，最近乖不乖呀？”爸爸开口就问道。

“嗯。”

“有没有惹爷爷奶奶生气？”

“没有。”

“你的学习怎样……”

“你等会儿，我叫奶奶来接电话。”

儿子竟然把电话放下了。

这样的过程与结局，让爸爸非常沮丧：尽管自己辛辛苦苦在外打拼挣钱，但并没有忘记教育儿子，总是非常努力地想与儿子沟通，可是儿子为什么这样对待自己呢？

实际上，不少妈妈也是如此，交流方式也和这位爸爸差不多：“表现怎么样？”“乖不乖啊？”……他们没有想到，这样的问话方式，往往让孩子觉得无话可说。

一些家教专家也指出：“孩子不是不想跟爸爸妈妈说话，而是没话说，不知道怎么说。”

这些妈妈与这位爸爸都犯了一个很大的错误，尽管他们主动与孩子沟通，但是由于没有关注孩子的心理，沟通的又是孩子不感兴趣的内容，不仅没有取得好的效果，反倒容易让孩子产生逆反心理。

我们有一位当记者的朋友，有段时间，她和青春期的儿子关系很紧张，有点剑拔弩张的架势。

为了缓和两人之间的矛盾，朋友想了不少办法，但效果都不明显。

一天，朋友突然接到报社的一个任务，让她去采访一场即将在当地举行的足球比赛。

这可把朋友难坏了，因为她平时对体育赛事一窍不通，一支球队由几个人组成都不知道，更别说比赛规则了。

这时，她突然想起儿子可是个不折不扣的体育迷，对足球更是无比热爱，说起球星都如数家珍。平时因为不让儿子看球赛，两人没少发生争执。

她觉得这可能是一个和儿子缓和关系的契机，于是回家后，便开始向儿子请教有关足球方面的事情。

儿子开始有点不在意，认为妈妈不过是找借口跟自己套近乎。但当他发现妈妈是真心想了解足球的时候，他的态度有了很大的转变，不仅把自己知道的告诉妈妈，还找了很多资料，并且将自己珍藏的一些球赛录像拿出来，一边看一边给妈妈讲解。

后来，朋友不仅带儿子一起看了那场比赛，写完稿后还让儿子帮忙“审查”，看是否有写得不对的地方。

经过这件事情，朋友发现自己和儿子的关系有了明显的改善。朋友也开始改变过去“高高在上”的教育方式，时不时找一些儿子感兴趣的问题去问儿子，让儿子帮忙解决。

慢慢地，她发现儿子有了很大的改变，不再什么事都和她对着干，也开始愿意和她交流。

2. 了解是沟通的前提

下面这种情景，妈妈们可能会经常遇到：

家里来了客人，为此，你准备了一桌丰盛的菜肴。

大家都吃得很高兴，偏偏这时候，孩子却将刚入口的菜吐了出来，说不好吃。

相信这时候，很多妈妈的第一反应是很恼怒，甚至忍不住呵斥：

“你怎么这么娇气！”

“你怎么这么没规矩！”

“别人能吃，你怎么就不能吃！”

……

一番训斥之下，孩子眼泪汪汪地端起了碗。

我们来看一个真实的故事：

> 一次，一位作家请几个朋友到家里吃饭。
>
> 饭桌上，作家的小儿子夹了一个丸子放进嘴里，但很快就吐了出来，说不好吃。
>
> 而这盘丸子客人也吃了，大家都没觉得不对味。
>
> 作家的妻子有些怪孩子不懂事，客人们也觉得孩子有点太娇纵。
>
> 但作家却不这么想，他夹起孩子丢掉的丸子尝了尝，原来真的变了味，于是感慨地说：
>
> “小孩总有小孩的道理……”

这位作家，就是家喻户晓的大文豪鲁迅。

鲁迅的做法，告诉我们一个道理：**在没有了解真实情况之前，不要急于下结论，更不要盲目责怪、训斥孩子，因为“小孩总有小孩的道理”。**

了解是沟通和影响的前提。只有在了解的基础上，沟通才会变得客观、有的放矢。

任何孩子，都不希望有一个不问原因就轻易发火动怒的妈妈，而是希望妈妈凡事都讲道理。这样，孩子才会觉得妈妈是可以信赖、可以倾诉的人，即使自己做得不好甚至做错了，妈妈也会通情达理，理解自己，并提出客观公正的意见。

其实了解孩子并不难，妈妈不妨多从以下三个方面入手。

① 了解孩子的基本情况。

例如：孩子最好的三个朋友都是谁？孩子最崇拜的人是谁？为什么？孩子最大的梦想是什么？孩子最大的压力是什么？孩子排解压力的途径是

什么？……

② 了解孩子的“雷区”，也就是孩子最不喜欢妈妈说什么、做什么。

例如：孩子本来就因为不善表达而感到有些自卑，可妈妈却总要跟别人强调“这孩子就是嘴笨”；青春期的女儿非常在意自己的外貌，可妈妈却要当着客人的面说“我女儿别的还好，就是有点胖”；孩子对于曾经犯过的一些错误不愿意再提，可妈妈却经常翻旧账……

无论是大人还是孩子，都有不希望被别人触及的“雷区”。不碰孩子的“雷区”，既是对孩子的尊重，也是和孩子顺畅沟通的重要前提。

③ 了解孩子的年龄特点。

不同年龄的孩子有不同的特点，因此不能用一个模子去应对孩子所有的成长问题。了解孩子的年龄特点，妈妈就能够从容应对孩子的变化，明白很多事情。

比如，进入青春期的孩子对异性开始感兴趣，有一些稀奇古怪的想法，甚至做一些“不可思议”的举动，家长不必大惊小怪。若妈妈能够更加宽容、对孩子多一点理解，就能减少很多矛盾和摩擦，让彼此的关系更加融洽。

3. 学会多听少说

正面沟通一定是双向的。如果沟通中只有妈妈在说话，这样的沟通注定达不到理想效果。

妈妈说得越多，孩子表达的机会就越少。久而久之，孩子就会失去和妈妈沟通的欲望和兴趣。

曾经有一段时间，本书作者之一邓小兰家楼上住了一对母女。女儿大约上小学四年级。每到黄昏的时候，我们就会听到楼上传来母亲训斥女儿的声音，声音又大又急躁。仔细一听，内容无非是些鸡毛蒜皮的小事，比如女儿弹错了几个音符、袜子洗得不够干净、粗心算错了一道题……

一年下来，几乎天天如此。有时候真的很佩服这位妈妈的精力：每天做同样的事情不仅不厌倦，还能每天都保持如此饱满的激情。

这家的女儿是一个瘦小、胆怯的孩子，目光总是向下看着地，从不敢正眼看人。可以想象，这对母女之间是怎样的关系。

其实不仅这位妈妈，很多妈妈在处理和孩子的关系时，都会不自觉地将自己摆在“权威”和“主角”的位置，而孩子只能充当“配角”。因此，妈妈常常在一旁滔滔不绝，孩子只有听的份儿。

与大家分享这样一则笑话：

傍晚，女儿垂头丧气地从学校回来，一见妈妈就开始诉苦：

“妈妈，我今天被老师罚站了。”

妈妈一听，怒火一下就上来了，但她还是强忍着没有说话。

女儿有点意外地看了妈妈一眼，接着说：

“事情是这样的，上课时小雨向我借橡皮，我就递给她了。可老师却说我在做小动作，让我下次注意！”

原来是这样！

妈妈听后松了口气。她笑着拍拍女儿的肩膀，表示没关系。

女儿又看了妈妈一眼，背着书包进了房间，但很快又出来了，依偎在妈妈身边说：

“妈妈你真好，谢谢你今天听我说了那么多，没有骂我，我觉得舒服多了！”

妈妈心想：天哪，幸亏女儿不知道我今天之所以没有火冒三丈、冲她大声叫嚷，是因为扁桃体感染得厉害，医生一再叮嘱我最近几天尽量不要说话。

这看起来是则笑话，但却是很多妈妈和孩子真实关系的写照。其实有时候孩子的要求并不高，只希望妈妈能够耐心倾听。一个懂得少说多听的妈妈，更容易和孩子建立和谐的关系。

4. 主动认错

当孩子做错了的时候，父母都希望孩子能够认错。同样的道理，当父母做错的时候，孩子也希望看到父母能够认错。

这样做不仅能够给孩子树立一个知错就改的榜样，也能让孩子觉得自己和父母是平等的，进一步拉近彼此之间的距离。

有一次，著名作家刘墉的儿子刘轩弹钢琴。刘墉觉得有个音弹错了，要求刘轩改正，但刘轩却坚持说自己没有弹错。刘墉有些生气，在儿子头上重重地拍了一下，说："错了还狡辩，就是错上加错。"刘轩感到很委屈，忍不住哭了起来。

事后，刘墉发现是琴谱印错了，刘轩没有错，是自己错怪了儿子。

于是刘墉马上向儿子道了歉，并且给了刘轩五元钱作为"精神补偿"。刘轩不仅高兴地接受了父亲的道歉，还退回了两元钱，并且幽默地说："你打得没那么重，应该'物有所值'。"

在刘墉看来，错了就是错了，不能因为父亲的"面子"而当作什么都没有发生，不仅要主动认错，还要想办法补偿儿子。而儿子看到父亲坦然认错，不但欣然接受，还幽默地减轻了父亲心中的内疚。这样一来，就算有隔阂也能很好地消除，父子间能够形成更加良好的互动。

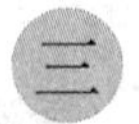 彻底斩断“我对你错”的恶性循环

最容易让矛盾激化、让沟通陷入恶性循环的，莫过于“我对你错”。

“我对”，强调只有我的需要、观点和感受是正确的；而“你错”，不仅是指责，更是“你必须服从于我的需要、观点和感受”。

真正的沟通，不是强迫孩子接受，而是让孩子自愿接受。这就需要妈妈从“我对你错”的恶性循环中走出来。

1. 跳出“非白即黑”的思维

在教育孩子的过程中，妈妈常常会凭借自己的经验和感受去评判孩子，尤其当孩子的言行不符合自己的预期时，很容易陷入“非白即黑”的思维，认定孩子这么做就一定是错的。

著名作家王朔曾经和母亲一起参加电视节目。在节目中他坦言，自己和母亲相处得并不太好。中学的时候，因为贪玩，他开始逃课。母亲知道后非常生气，经常冲他大吼：

“小小年纪不学好，不好好学习就给我滚！”

王朔很反感母亲这种粗暴的教育方式，一直积压在心中的不满也在瞬间

爆发：

“这会儿你管我了，平常你到哪里去了？该滚的人是你！”

母亲一怒之下给了他一个耳光。王朔头也不回地跑了出去，在朋友家住了一晚上，目的就是让母亲为他担心。为了找他，王朔的父母第二天都没去上班。其实在母亲找他的时候，王朔就在后面远远跟着，但听到母亲的声音逐渐沙哑，他并没有内疚，反而有一种报复的快感。

逃课固然不对，但王朔的母亲也不能在既不了解前因后果，也没有任何铺垫的情况下，上来就批评孩子：小小年纪不学好！然后直接让孩子“滚”。

这就是典型的“非白即黑”的思维，因为孩子的某一方面没做好，所以认为他什么都不好。其实孩子这方面不理想，或许在其他方面却很有天赋，人生的选择不是只有一种。事实也证明，王朔的学习可能并不突出，但这并没有阻碍他成为一位出色的作家。

因此，妈妈在和孩子沟通的时候，有两点需要特别注意：

第一，不要总是以自己的标准去衡量孩子，你认为对的不一定就真的对。比如你觉得分数比兴趣重要，但将来成就孩子的或许就是你认为不重要的音乐、绘画、写作等等。

第二，不要因为孩子一点没做好，就对孩子全盘否定。

2. 多用“商量式”口吻

妈妈即使觉得自己再有道理，也不要轻易责骂孩子，否则，孩子会离你越来越远。

成年后，王朔和母亲之间的“战争”并没有停止。从部队复员后，王朔被分在粮店工作。王朔不喜欢这个工作，于是没跟母亲商量就辞了职。

第二天，母亲见王朔待在家里没去上班，就问：

“快迟到了，你怎么还不去上班？”

王朔回答：

“上什么班啊，我已经辞职了。”

一听这话，母亲火冒三丈，质问王朔：

“你不应该轻易把工作辞掉！没了工作，你以后怎么生存？”

“我又不会花你的钱，我的事情用不着你管。”

王朔与母亲吵得不可开交。

在这个过程中，我们可以清楚地看到，母子之间矛盾升级的导火索，就是母亲那命令式的话语——“你怎么”“你不应该”等等。

其实事情已经发生了，再去质问儿子该不该辞职已经没有什么意义，重要的是想办法帮儿子找到适合他以后走的路。

要避免和孩子的矛盾，妈妈就要学会将“命令式”口吻改为“商量式”口吻。

典型的“命令式”口吻是：“去，把作业做了”“以后不许再和某某某一起玩”……这些要求哪怕是合理的，也容易让孩子产生抵触心理。

这时，妈妈不妨试试“商量式”口吻来沟通：

“如果你在八点之前做完作业，那么我们就有时间讨论一下周末看电影的事。”

“你不想尝试多交一些朋友吗？这个周末你可以在家里办个小聚会，多邀请些同学来玩。”

……

相比之下，“商量式”口吻不仅语气要温和得多，而且要求也更明确，不仅能让孩子在心理上比较愉悦地接受，也能让孩子明白具体应该怎样做。

3. 要经得起“被冒犯”

要斩断“我对你错”的恶性循环，还有一点很重要：不要总是强调所谓的“父母权威”，而要经得起“被冒犯”，比如允许孩子有不同的看法和意见，能够接受孩子善意的批评，不计较孩子的无心之语，等等。

有时候矛盾的产生，并不是因为孩子的言行真的多么过分，只是妈妈觉得自己的“权威”受到了挑战，为了“压制”孩子，不仅没有采取“降温”的方法，反而让火气越来越大。

《新京报》曾经报道过一个极端案例：因其称“爱明星胜过父母”，父亲砍死十三岁的女儿。

十三岁的楠楠是家里的独生女，父亲李某没有固定工作，母亲患精神障碍无劳动能力。但李某对女儿十分疼爱，对女儿的要求也尽可能满足，这一点，从女儿经常花五十元打车上学就可以看得出来。

后来，因为楠楠喜欢韩国明星，晚上上网追星不睡觉，早上起不来，成绩逐渐下降，为此父女俩争吵过很多次。

案发当天，李某照常叫女儿起床上学，然后自己先下楼去拦出租车。等了好一会儿，出租车的计价器都已经跳表了，女儿还没有下来。李某只好结了账回去找女儿。进门后，他却看到女儿因为削铅笔刀找不到，将东西扔了一地，并且说找不到削铅笔刀就不去上学。

眼看上学就要迟到了，但女儿却根本不理会父亲的催促。李某见状很生气，打了女儿一耳光。父女俩越吵越凶，就在女儿说出“爱明星胜过父母”之后，李某被彻底激怒了，拿起菜刀砍向女儿的头部，致其死亡。

在庭审中，李某一再强调，是女儿“爱明星胜过父母”的话语导致他丧失了理智。

尽管这是一个极端的案例，但还是值得我们警醒。作为父亲的李某，可以不顾家庭困难也要满足女儿物质上的要求，可以放任女儿的任性，却不能容忍女儿言语上对自己地位的“冒犯”。这实际上是一种错位的教育。

绝大多数时候，对于孩子所谓的“冒犯”，父母完全没必要放在心上，孩子一句赌气的话并不会意味着什么，父母要学会控制好自己的情绪，更加从容、更加包容。

第十三章　通过增强“支持系统”改进关系

本章提要

成长中的孩子，总会遇到一些想象不到的困惑和挫折。一些我们眼中的“小事”，在缺乏经验和历练的孩子心中很可能就是难以承受的“大事”。

当孩子遇到困难的时候，我们一定要及时给予支持。

只有让孩子意识到，任何时候我们都是他最有力的“支持系统”，我们才能与孩子建立起最亲密无间的关系，让孩子不管遇到什么问题，都愿意把手伸给我们。

一 会当“雷达”，敏锐识别孩子的求助信号

作为妈妈，不知道你是否有过这样的想法：

“小孩子嘛，能有什么大事情！”

“要培养孩子的独立精神，就必须彻底让他自己解决问题！”

鼓励孩子的独立精神并没有错，但这并不意味着对孩子的事情可以不管不问。有时候，孩子的事情不一定都是小事，何况孩子毕竟是孩子，不是所有的事情都有能力自己去解决。

作为妈妈的你，一定要学会当“雷达”，及时识别孩子的求助信号，为孩子提供帮助。

1. 莫因粗心忽略了孩子的“伸手”

有时候，孩子其实已经向我们发出了求助的信号，但因为粗心，我们并没有意识到。

媒体上曾报道过这样一则新闻：

南京一个中学女生蕾蕾，一天晚上给妈妈打电话，说要在朋友

家过夜。妈妈没在意，就答应了。

第二天女儿回来之后，妈妈发现女儿有些不开心，一副心事重重的样子，但她也没在意。过了一段时间，孩子的情况越来越严重，但妈妈却只认为是女儿学习紧张而已。

一次下班后，她看到女儿在等她，好像有什么话要说。但恰巧单位来电话找她有事，她就匆匆忙忙出去了，等她回家后再问女儿有什么事时，女儿却只说是学习有些紧张，她也就没再追问下去。

一天早上，她发现女儿迟迟没有起床，推门一看，被满地的血吓呆了，于是马上把女儿送到医院。后来，医生告诉她，蕾蕾的大出血是因为之前在一家私人诊所做流产手术没有做好而导致的，幸亏送来得早，否则会有生命危险。

类似的事情并不少见。前不久在电视上看到这样一个案例：

一个十四岁的花季少年，被发现在学校旁边的小池塘中溺水身亡，身上没有任何外伤，警方初步断定是自杀。

少年的母亲无法相信这样的事实，面对镜头，悲痛欲绝，泣不成声。

后来，在进一步的调查中，警方发现这个沉默内向的少年，在日记中已隐约有自杀的征兆，比如他在日记中谈到了自己的“感情纠葛”、高年级的同学要“对付”他等等。

而少年的母亲也回忆说，有一段时间儿子总找她要钱，在她的逼问下，儿子说有人敲诈他，但母亲对此并没有太放在心上。学校旁边商店的老板也证实，少年曾好几次向他赊货，有一次甚至提出要赊三四十条香烟。

少年在死前不久，还在自己房间的墙壁上写了一个大大的“忍”

字，而父母认为青春期的孩子写这些不过是为了扮酷而已。

不仅如此，一向体弱的少年还突然迷上了打沙袋，当家人问他为什么会对打沙袋感兴趣时，他的回答是：

“如果我不练，万一有一天我被人打死了怎么办？”

少年的言行中，无论是向妈妈要钱、在墙上写字、迷上打沙袋还是解释打沙袋的原因，这些都透露着孩子的求助信息，可惜的是，家人并没有注意到这些，最终导致了悲剧的发生。

无论是蕾蕾的母亲，还是少年的母亲，其实都曾收到过孩子的求助信号，但却都因为粗心忽略了。

尽管并不是每一个孩子遇到问题都会采取极端的方式，但一个不容忽视的事实是：据有关部门统计，自杀已经成为青少年死亡的首要原因。

每个孩子自杀之前，都会有一个犹豫、挣扎期，这时候，如果妈妈能够及时发现孩子的异常，和孩子进行很好的沟通，解除孩子的心结，那么悲剧就能够避免。

虽然绝大多数孩子在成长过程中都不会遇到严重到要自杀的问题，但妈妈当好孩子的“心灵雷达”，及时帮助孩子疏导负面情绪，对于孩子的心灵健康至关重要。

孩子遇到自己无法解决的问题时，往往会通过言行有所表现，因此当孩子有以下表现时，妈妈要特别留意：

① 孩子心事重重，欲言又止；

② 孩子较长时间情绪焦躁或情绪低落；

③ 平时作息时间很规律，但突然好几个晚上孩子房间里的灯却亮到深夜；

④ 孩子身上有莫名其妙的伤痕；

⑤ 孩子总发呆，对什么都提不起兴趣；

⑥ 孩子突然厌学，找各种理由不去学校；

⑦ 孩子想各种办法要钱，当问到用途时，他却支支吾吾说不清楚；

⑧ 孩子突然说一些和死亡有关的话，如："活着也没什么意思。""人死的时候会不会很痛苦？""如果我走了，你会难过吗？"等等。

2. 莫让你的"励志"阻挡孩子向你伸手

有时候，孩子之所以不愿意伸手求助，是因为我们平时对孩子的期望过高或者一味对孩子进行鼓励，孩子因为怕让我们失望，不敢向我们求助。

有一个叫小莉的女孩，从小就喜欢跳舞，妈妈把她送到一个舞蹈班去学习。

开始时，她每天认真练习，老师喜欢她，也总表扬她。后来，省艺术学校来招小演员，老师热情地推荐了小莉。但是来面试的老师一看，说："这样的身材，怎么能跳舞呢？你们怎么是这种眼光啊！"

从那以后，原来对小莉好的老师对她变得很冷淡。小莉很难过，也更努力地练习，但无论她怎么努力也得不到老师的赞扬。不仅如此，一些小朋友也越来越与她疏远了。

有一次，妈妈带她去肯德基用餐时，关心地问她：

"我见你最近总是不愿意去舞蹈班，为什么呢？"

见妈妈主动问自己，小莉就向妈妈说出了自己的心里话：

"舞蹈老师不喜欢我，还有点讨厌我。"

谁知，妈妈一听，立即打断了她的话：

"瞎说，明明舞蹈老师对你那么好，总夸奖你，你怎么说老师讨厌你呢？"

她还想做进一步的解释，不料妈妈却开始对她进行励志教育，讲了一大堆名人的奋斗故事后，对她说：

"我估计是因为你吃不了苦，所以故意说老师讨厌你。孩子，你要记住，吃得苦中苦，方为人上人。孩子你也不要怕，要相信自己一定行！”

由于妈妈这样说，孩子到了嘴边的话，又活生生吞回去了。但是，问题并没有解决。舞蹈班里，她与老师、同学的关系也越来越差。回到家后，还得在妈妈面前表现得若无其事。最终，她得了精神分裂症。

鼓励孩子独立解决问题当然没有错，以优秀人物做榜样，让孩子积极面对人生的困难也没有错，但妈妈们请记住：

当你对孩子进行励志教育时，你不应只是引导他的人生导师，也应该是他遇到困境可以倾诉、可以依靠的妈妈！不要因为自己希望孩子积极面对困难，而漠视了孩子的需求与问题，阻碍孩子向你打开心门。

与此同时，你还要主动地告诉孩子哪些事情可以自己去解决，哪些却必须要告诉父母、让父母帮他一起解决，如遇到敲诈勒索等校园暴力、受到冤枉、和同学或老师发生激烈的冲突等问题时，要向父母求助。

这样，孩子才会在有需要的时候，及时地将手伸给你。

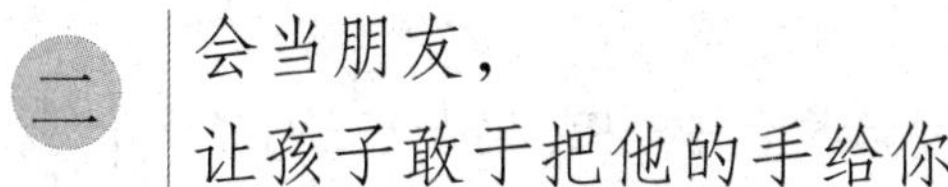

二 会当朋友，让孩子敢于把他的手给你

很多时候，孩子遇到问题不愿意跟父母沟通、向父母求助，最主要的原因，一是他们觉得即使跟父母说了，也得不到期待中的回应，父母不会真正放在心上；二是觉得告诉父母只会招来责骂、呵斥，因此只好闷在心里，自己想办法解决。

要改变这种状况，我们就要学会当孩子的朋友，让孩子无论什么时候，都敢于把手伸给我们。

1. 要营造孩子敢于把手给你的家庭氛围

首先，我们要让孩子感到，无论什么时候他们将手伸给你，都会得到理解和尊重。父母尤其不要轻易拒绝孩子提出的正当要求。

媒体上曾报道过这样一则新闻，河南有个姓王的老太太，有一天收到了一封恐吓信，要她把一百元钱放在离家不远的土堆里。王老太太开始没当回事，没想到第二天又收到了恐吓信，于是就报了警。

警方一查才知道，这原来是老太太邻居家十岁的小男孩做的。当警察问他这么做的理由时，他的回答是想买一本《十万个为什么》。警察又问他为什么不让父母给他买，小男孩说：

“他们说这本书没有意思，对我的学习没什么帮助。我想王老太太很慈祥，也许她会给，我才这么做的。”

很难想象，一个十岁的孩子，因为买书的合理要求得不到满足，竟做出了恐吓邻居老太太的荒唐之举。

但这也值得我们反思，当孩子对我们有要求、有期望的时候，我们到底应该怎么做，才能让孩子觉得我们始终可以依靠？

对于孩子的正当要求，我们要尽可能满足并支持；对于孩子不合理的要求，我们也不能用讽刺、嘲笑的语气否定，而要心平气和地告诉孩子，为什么不能满足他，或者他只有符合了哪些条件，我们才能满足他的要求。

很多时候，孩子不是不想把手给你，而是不敢把手给你。孩子知道自己的问题就是引起父母“爆炸”的导火索时，又怎么会自己去将导火索点燃？

孩子犯错，固然需要纠正，但简单粗暴的惩罚方式，只会将孩子越推越远。对于犯错的孩子，我们不仅要了解原因，对症下药给孩子指出改正的方法，同时还要对孩子表现出足够的信心，要让孩子明白，我们永远不会因为他的某一次错误就放弃他。

这样，孩子才会无论遇到什么情况，都能向我们敞开心扉。

2. 解除孩子的顾虑，让他知道向你“伸手”并不是不懂事

这一点，对于那些从小很懂事的“乖孩子”尤其重要。这样性格的孩子，往往会因为“不忍心”让妈妈担忧，而不愿意伸手求助。

对于这一点，本书作者之一邓小兰有很深的体会。

上小学三年级的时候，她转到了妈妈任教的学校读书。或许因为是外来的学生，她经常受到同学的欺负。有将近一年的时间，她每天在上学途中，都会莫名其妙地挨一个男生的打。

尽管心里很害怕、很愤怒，而且妈妈也是这个学校的老师，但她并没有跟妈妈说。她的想法很简单：妈妈每天那么辛苦，她不想让妈妈为她担心和难过。

但那一年的时间对她来说就像是噩梦，有一段时间，她非常厌学，每天一想到要去学校就发愁得不得了，根本没有快乐可言。而这一年的经历，至今都在她心中留有阴影。

现在回头想想，如果当初她能及时向妈妈求助，那么她花一年时间才能解决的问题，或许妈妈只用一分钟就解决了。

因此，对于从小就很“懂事”的孩子，妈妈要特别关心和留意，多跟孩子交流，多注意孩子的情绪，鼓励孩子说出真实的想法，让孩子明白：遇到自己解决不了的问题跟妈妈商量，不仅不是不懂事，反而恰恰是最懂事的表现，因为只有他健康快乐地成长，才能真正让妈妈安心。

3. 耐心一点，孩子才不会将伸出的手又收回去

对于孩子遇到的问题，即使我们认为并不重要，也要有充分的耐心。这样，孩子才会对我们有足够的信心，不会将伸出的手收回去。

比如，妈妈发现这两天孩子情绪低落，于是问孩子发生了什么事，连问了几句，孩子都默不作声。妈妈一看，立即发火了：

“有什么事你就赶快说，没见我正忙着吗？一点都不爽快，哪像个男子汉！”

孩子一听，就会想：算了，不跟她说了，说了也没用，反正她也不会理解，搞不好还会招来一顿臭骂。

这样一来，不仅帮不到孩子，还会加重孩子的无助感，促使问题向更加消极的方向发展。

对此，妈妈正确的做法是，找一个比较宽裕的时间和安静的环境，单独

和孩子谈谈。语气一定要温和，鼓励孩子说出心里话。

“你这两天看上去情绪有点低落，是不是在学校里遇到了什么不开心的事？”

如果孩子一时不愿意说，妈妈可以继续引导：

“妈妈像你这么大的时候，也遇到过很多不开心的事。每当这个时候，我就会去找我的妈妈谈谈，她会给我一些很好的建议，让我明白事情并不像我想象的那么严重，解决起来也并不困难。你想不想试试？”

如果孩子还是不愿意说，那么不要勉强，和孩子谈论一些轻松的话题，然后抱抱孩子，或者拍拍他的肩膀，告诉他：

“你什么时候想说，随时都可以来找妈妈。记住，不管遇到什么，妈妈永远爱你，理解你，愿意和你共同面对任何难题。”

这样一来，即使孩子暂时不愿意说，也会在心理上获得很大的安慰，知道即使遇到问题，妈妈也会和自己共同面对。

此外，妈妈还需要通过孩子的老师和朋友了解孩子的情况，知道最近孩子身边发生了什么事，尽快帮助孩子走出困境。

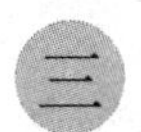

会当栋梁，让孩子觉得你是他真正的依靠

这里的栋梁，是指当孩子遇到问题和困难的时候，我们要敢于、善于为孩子承担，给孩子树立这样的信念：妈妈永远都是他最坚实有力的依靠。

1. 孩子犯错或遭受挫败时，父母不要雪上加霜

当孩子犯错或者遭受挫败时，会感到内疚不安，这时候，我们需要站在孩子的角度，走进孩子的内心，理解他，安慰他，鼓励他，而不是漠不关心，或者草草安慰几句，甚至责骂孩子。这种对孩子来说雪上加霜的行为，只会阻断孩子将手伸给你的意愿。

《东南快报》曾刊登过这样一则新闻：

家住福州的初二女生小吴平时内向乖巧，在父母的严格要求下，她的成绩一直不错。因为一次考试意外失利，小吴很自责，闷闷不乐。当她回家告诉父母后，父亲不仅没有安慰她，反而责怪她因贪玩没考好。小吴一气之下，冲到厨房拿了一把菜刀，在家中到处乱砍，以发泄情绪。这一幕被邻居看到了，于是赶紧报了警。

孩子没有考好，本来就已经很难过了，这时候如果父母对孩子冷嘲热讽，甚至责骂，只会让孩子的压力更大，甚至冲动之下采取过激行为。

反过来，当孩子感到自责和内疚的时候，如果我们能安慰、鼓励孩子，孩子就会感到被信任，从而获得下次要做得更好的动力。

诺贝尔文学奖获得者莫言，在瑞典学院演讲厅向外界发表诺贝尔文学奖获奖演说，谈到母亲对他一生的影响，其中有这样一段：

“我记得有一次，我提着家里唯一的热水瓶去公共食堂打开水。因为饥饿无力，失手将热水瓶打碎，我吓得要命，钻进草垛，一天没敢出来。

“傍晚的时候，我听到母亲呼唤我的乳名，我从草垛里钻出来，以为会受到打骂，但母亲没有打我，也没有骂我，只是抚摸着我的头，口中发出长长的叹息。”

不让自己的行为使处于困境中的孩子雪上加霜，这是增强父母作为“支持系统”的一条重要原则。这时候，我们不需要正颜厉色，只要轻言细语，甚至给孩子一个鼓励的眼神和拥抱就可以了。

2. 孩子遭遇不公平时，父母一定要敢于为他撑腰

当孩子遭遇不公平时，父母一定要敢于为孩子撑腰。如果父母对此不闻不问，不仅会给孩子的心灵带来创伤，同时也会让孩子失去对父母的信任。

本书作者之一邓小兰在全国妇联华坤女性生活调查中心任主任的时候，曾经做过一次调研。其中，一位王女士的经历，引起了大家热烈的讨论。

王女士的儿子小凯才十四岁，却已经是一个让人非常头痛的“问题少年”：在学校里和老师对着干，在家里还和父亲打架。

为什么一个本质并不坏的孩子，却如此仇视父母和老师呢？

事情的起因是小凯上小学三年级时发生的一件事。小凯活泼好

动，因为一次上课说话，老师打了他两下。小凯觉得非常委屈，回家后哭着把自己的遭遇告诉了爸爸妈妈。

当时王女士和丈夫听了，也觉得很气愤，觉得老师做得太过分了，准备去找学校领导理论。但后来一想，理论之后，孩子还得继续在学校上学，把关系弄僵了，对孩子也没什么好处。于是他们就没去学校，事情就这样不了了之。

过了没多久，因为其他事，小凯又一次挨了老师的打。而这一次，父母也没有去学校理论，事情依旧不了了之。

从那以后，小凯开始变了，在学校里调皮打架，在家里对父母的话置若罔闻。一次，他和一个比自己大几岁的孩子在楼梯口发生了争执，本来这件事是别人的不对，但王女士看到后，却不由分说将小凯拉回了家，狠狠地训了他一顿。

小凯和母亲之间又一次爆发了激烈的争吵，王女士被他气得高血压发作住进了医院。邻居让他去医院看看妈妈，他却回答说：

“我才不去呢，那两个窝囊废，自己的儿子受了欺负，他们连话都不敢说一句。”

这句话道出了小凯多年来一个始终没有解开的心结：当初自己受了那么大的委屈，父母不仅没有给他主持公道，甚至连句安慰的话都没有。

这让小凯对父母产生了强烈的不信任感：父母是靠不住的，即使自己遇到困难，他们也不会保护自己。所以只有靠自己，遇到问题自己就用武力去解决。

小凯的故事听起来很让人心酸，从王女士的叙述中，我们听得出小凯是一个本质很善良的孩子，对于比自己弱小的人怀有很强的同情心。但对于那些比自己强大的人，他却怀着很深的敌意，就像刺猬一样，时不时要竖起那些并不强大的刺来“保护”自己。

孩子变成这样，对母亲来说是煎熬。对孩子而言，这样的成长又何尝不是痛苦的历程。

假如小凯的妈妈在小凯受到不公平待遇时，是像下面这样做的，结果会不会不一样呢？

第一步，耐心倾听，认同孩子内心的感受，以舒缓孩子的情绪。“老师这样做是不对的，妈妈能理解你现在的心情，相信每个人遇到这样的事，都会像你一样觉得委屈和难过。”

第二步，告诉孩子，妈妈一定会帮他解决这件事。

第三步，不要拖延，立即带孩子去找老师或学校领导，语气可以很温和，但态度一定要坚决，让老师道歉并保证不再让类似的事情发生。

第四步，事情解决后，进一步和孩子进行交流。一方面，要让孩子明白自己也有做得不对、需要完善的地方；另一方面，也要让孩子学会宽容，不要将事情看得太重，帮助孩子尽快恢复正常的学习生活。

可以肯定，如果做了这些，小凯不会走到今天这一步。

孩子的心是脆弱的，也是敏感的，特别是在遭受不公平待遇的时候，尤其需要妈妈的支持和帮助。即使事情无法得到圆满的解决，妈妈们也要及时在心理上给予孩子安慰，并且向孩子说明理由。

我们来看看著名影星、作家胡因梦的父亲在女儿遭受不公平待遇时，是怎么做的。

胡因梦数学不好，经常考不及格。上小学五年级时，有一次她只考了三十分，被数学老师叫上讲台“示众”。

老师用长长的指甲在她的头顶像啄木鸟般开始重重地“啄”，她默默地从头数到尾，一共一百零一下。

回家之后，胡因梦将此事告诉了父亲，父亲问明情况后，非常生气。在他眼里，孩子固然学习不好，但老师怎么可以随便体罚学生呢？

第二天，父亲就到学校找到校长就此事进行理论。

在父亲的据理力争之下，这个老师收敛了不少，而胡因梦则成了班上的英雄人物，她对父亲也心存感激。

当然，父母给孩子撑腰也要注意分寸，不是什么事情都适合替孩子出头，更不要得理不饶人，应适可而止，既让问题能够合理解决，又要让孩子学会宽容。

3. 当和老师有不同意见时，可以主动和老师协商交流

孩子大部分的时间都在学校度过，和同学、老师关系的处理，也会在很大程度上影响到孩子的成长。特别是当孩子和老师有不同意见时，我们要主动和老师沟通解决。

南京某中学的高三女生易菲菲被美国哈佛大学正式录取。她的成长与妈妈的教育方式有很大关系。

妈妈非常注重菲菲的感受，她觉得菲菲说得有道理的时候，就会全力支持。有一次，爸爸想检查菲菲的作业，但菲菲却怎么也不同意。妈妈看到了，赶紧把爸爸拉到一边。在妈妈的耐心询问下，菲菲哭着说老师说她的作文跑题了，她不敢给他们看。

后来，妈妈认真读了女儿那篇《记一件有意义的事》，文章写到有个小男孩独自到河里游泳差点淹死。她之所以选择这件事，是因为她觉得可以给同学们提个醒。但老师觉得，有意义的事应该是好人好事。

妈妈觉得，尽管和老师所要求的主题有所不同，但菲菲的文章写得不错，而且有意义的事，也不一定非得是好人好事，能给人警醒的事也可以是有意义的事。

于是她带女儿找到了老师，在轻松的气氛下，三人一起讨论了到底什么才算是“有意义”的事，怎样的作文才是好作文。最后，老师也认可了她们的观点，觉得不能用既定的模式去限定孩子的思维。

类似的事情，还发生过很多次。这让菲菲觉得，不管什么事情，都不用瞒着妈妈，因为妈妈会理解并支持自己，她也因此跟妈妈无话不谈。

这位妈妈的做法也告诉我们，只有了解孩子的需求和感受，维护孩子的合法权益，孩子才会愿意跟父母交心。

4. 给孩子一个永远的承诺

很多时候，孩子明明遇到了自己无法解决的问题，却没有向父母求助，是因为孩子没有意识到可以把手伸给父母。

因此，我们要让孩子明白：无论你遇到什么，都可以告诉妈妈，妈妈都会给你最大的帮助。父母和家庭永远是孩子最温暖、最安全的避风港湾，这是每个妈妈都应该给孩子的承诺。

在这一点上，著名诗人舒婷就做得非常好。

在儿子即将离开自己上大学之前，舒婷既高兴又担忧，担心儿子会经历一些意想不到的人生风雨。

为了让儿子知道，无论什么时候妈妈都是他最坚强的后盾，舒婷在一篇写给儿子的文章中写道：

“儿子，无论你遇到什么，失恋、伤痛、过失、战争，我都将义无反顾地保持精力和信心，与你一起努力斗争。任何时候你感到孤独，渴望温暖，你都会看到身后有我，你从不远离、永不失望的母亲。”

舒婷所写的这些，或许在儿子身上都不会发生，但她却在无形中给了儿子一个承诺和一份信心：

不管发生什么，妈妈都会对我不离不弃。

这样的承诺，将是伴随孩子一生的精神财富。相信如果真的遇到人生挫折，他就会毫不犹豫地将手伸给妈妈。

第十四章　通过提高“幸福指数”改善关系

本章提要

“小孩子，谈什么幸福！”

“孩子现在的主要任务是学习，至于幸福，等他长大了，自然就能感受到了！”

相信这是很多妈妈的想法。而事实上，我们培养孩子的目的，不仅仅是让孩子独立、自信、出色甚至成功，更是能让孩子在全面发展的过程中，感受到幸福和快乐。

这不仅是教育的终极目的和最高境界，也是让孩子身心和谐发展、让彼此关系得到彻底改善的最佳途径之一。

一 幸福感多一寸，亲近感增一尺

对孩子的幸福感的教育，是中国妈妈最缺乏的教育之一。一味地对孩子“高标准，严要求”，不顾孩子的感受，牺牲孩子的幸福感，必然会带来很多问题，包括引发孩子抵触、对抗，甚至自暴自弃。

因此，提升孩子的幸福感非常重要。幸福感越多，孩子和我们之间的距离就会越近。

1. 成功是银，幸福是金

“成功”是每个妈妈对孩子的期望，但成功的标准是什么，或许一千个妈妈有一千个不同的答案。成功固然重要，但有时候，我们所认为的成功，未必真正适合孩子。如果以牺牲孩子的幸福为代价，去换取我们所希望的成功，往往得不偿失。

台湾著名艺人张艾嘉从儿子出生后，就将大量精力倾注到了儿子身上，希望将孩子培养成为星光熠熠的童星，甚至给孩子的小名取为“奥斯卡”。

她按照自己的方式一心一意打造着儿子：送他上最好的学校，请最好的钢琴老师教他，甚至在将儿子推到公众面前之前，教他背好台词，使第一次面对摄像机的儿子就“一鸣惊人”，很快成为红遍台湾的童星。

然而就在这时，一件可怕的事发生了：九岁的奥斯卡在上学路上被人绑架了。

突如其来的变故让张艾嘉近乎崩溃。对于她来说，只要能让孩子平安归来，不管付出什么样的代价都在所不惜。

所幸的是，奥斯卡最终被警方解救出来了。在解救的现场，张艾嘉看到儿子被绑匪藏在棺材里，旁边还放了很多冥纸。很显然，绑匪已经做好了拿到赎金就撕票的准备。

那一刻，张艾嘉在感到后怕的同时，也感到万箭穿心。

这场变故让儿子的性格发生很大转变，他开始封闭自己，不愿与人交流。

张艾嘉为了让儿子尽快走出阴影，她改变了过去的教育方式，不再逼孩子学琴，也不再强迫他在公众面前出现，而是让他按照自己的兴趣爱好自由发展。

就这样，经过整整两年时间，儿子才慢慢恢复过来。

一次，张艾嘉带儿子去埃及旅游，母子俩共骑一头骆驼，缓缓地从金字塔前走过。突然，儿子将头靠在她胸前，轻轻地说了声：

“妈妈，谢谢。”

这一声“谢谢”，顿时让张艾嘉感慨万千：她送儿子上最好的学校，儿子没有说“谢谢”；她让儿子成为光彩夺目的明星，儿子没有说“谢谢”；而在日落的大漠里，在一次平凡而普通的旅行中，儿子却由衷地说了声“谢谢”。

也就是儿子的那一声“谢谢”，让张艾嘉真正懂得了幸福的含义。

或许，我们就像曾经的张艾嘉一样，恨不得把所有自己认为“最好”的东西都给了孩子，甚至倾尽全力按照自己的想法去打造孩子。在这种方式下，孩子成功的先例不是没有，但更多时候却是事与愿违。

不可否认，比尔·盖茨只有一个，能像他那样出类拔萃的只是极少数。如果不顾孩子的实际情况，非要按照自己的意愿去发展孩子本来不具备的才能和天赋，可能不但达不到目的，我们辛苦，孩子也会感到痛苦。

成功的标准越窄，孩子的幸福感往往越低。这就需要我们学会将成功的标准放宽。

与此同时，我们也要明白，与强求孩子去追求不切实际的目标相比，鼓励孩子去做他们有兴趣、擅长且能体现自己价值的事，更能够让孩子感受到幸福和快乐，也更能活出生命的意义。

成功重要，幸福也重要。但是成功是银，幸福是金——幸福比成功更重要！

2. 是你与众不同的在乎，创造了孩子和你的加倍亲近

经常体现你对孩子与众不同的在乎，是提升孩子幸福感、让孩子和你更为亲近的非常有用的方法。

《扬子晚报》曾报道过一则新闻：

> 圣诞节前夜，南京某高校大一女生杜慧颖收到了一份特别的圣诞礼物：那天她下课后，在教学楼前面看到一位圣诞老人。正当大家都不知道是怎么回事时，她发现圣诞老人手中带有独特标志的拉杆箱是自己家的，于是马上跑了过去，才发现圣诞老人竟然是自己的爸爸。
>
> 原来，杜爸爸知道女儿马上要考试了，学习很紧张，女儿喜欢

圣诞老人，于是想到用这样特别的方式，给女儿一份惊喜，也让女儿放松一下。

在认出爸爸之后，杜慧颖非常感动，眼泪忍不住一直流。她说，在自己的印象中，爸爸是个很稳重的人，没想到为了给自己制造惊喜，爸爸居然变得这么浪漫。

杜爸爸扮成圣诞老人去看望女儿的照片被传到了网上，很多人都被这份浓浓的父爱所感动，还有人称杜爸爸是“中国好爸爸”。

相信爸爸这次特别的举动，会一辈子留在女儿心中，女儿无论什么时候回想起来，都会觉得幸福、温暖和感动。

当然，要表达对孩子与众不同的在乎，父母不一定都要采用杜爸爸这样的方式。只要有心，我们完全可以从身边的点点滴滴做起，时刻让孩子感受到我们对他的在乎和爱。

在这一点上，我们可以看看著名作家莫言是怎么做的。

莫言的女儿叫笑笑。笑笑上高一的时候，有一天中午突然下起了大雨。

由于早上出门的时候还天气晴朗，笑笑没有带伞。看着越下越大的雨，笑笑发愁下午该怎么回家。

等她从食堂吃完饭回来，却发现课桌上放着一把崭新的雨伞，同学羡慕地告诉她，伞是她爸爸给她送来的。送完伞，爸爸就回家写作去了。

想到爸爸在风雨中奔波了那么远，就是为了给自己送一把伞，笑笑心里觉得特别幸福。而这份温暖，多年之后，笑笑仍然没有忘怀。

送伞虽然不是什么大事，但却让女儿感受到了父亲对自己深深的爱。

千万不要小看这些事情对孩子的影响，我们对孩子的在乎，会让孩子觉得自己是可贵的、重要的。而因此产生的幸福感，会让孩子不管遇到挫折还是困境，都能够更加积极乐观，始终怀着信心和希望。

3. 好到超乎孩子的期望

有时候，如果我们不仅能够满足孩子提出的合理要求，还能给孩子一些额外的奖励和惊喜，孩子会产生更加强烈的幸福感。

曾担任微软公司副总裁的李开复，从小和母亲的关系特别好。他知道母亲为他倾注了大量心血，因此也不断努力读书以获得好成绩来回报母亲。

每次成绩公布的时候，都是他最得意的时候。而当他拿着试卷一路小跑回家告诉母亲的时候，母亲的表现也从未让他失望过，母亲脸上流露出的那种欣喜、自豪和骄傲，总让他感到特别快乐和满足。

有一件事让他印象特别深：一次，他考了第一名，母亲带他去买礼物。他看上了一套《福尔摩斯全集》，希望母亲买给他当奖品。

不料，母亲竟然说：“书不算是礼物。你要买多少书，只要是中外名著，随时都可以买。”

结果，母亲不仅给他买了他特别想要的《福尔摩斯全集》，还另外买了一只手表送给他。

这更加激发了他读书的热情，从那时起，他每年至少要读两百本书，其中包括很多名人传记。

他说，母亲的支持，不仅让他养成了终生读书的好习惯，而从书中汲取的营养，也对他坚韧和勇敢的性格的形成产生了很大的影响。

母亲的做法，远远超出了李开复的期望。这不仅让他和母亲的关系更加亲密，也成了他读书的最大动力。

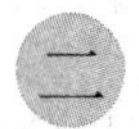

从四大枷锁中把孩子的快乐解放出来

也许有妈妈会问，我也希望孩子一生过得幸福，知道应该从小培养孩子的幸福感，但要让孩子幸福，是不是就意味着不能对孩子严格要求？另外，培养孩子的幸福感，到底该从哪里着手？

其实，严格要求和让孩子感到幸福，两者并不冲突，只要方法得当，两者可以结合得很好。前面我们提到李开复，他的母亲对他该严厉的时候非常严厉，但该关心的时候，母亲也会充分表达自己对他的爱。

李开复曾多次提到过母亲对他的影响，以及他从母亲身上所体会到的幸福、温暖和爱。母亲的严格，并没有妨碍他成为一个幸福且优秀的人。说到底，这还是一个方法和尺度的问题。

培养孩子的幸福感，关键要掌握好以下几点。

1. 还孩子以玩乐，“童年不是为成年做准备的”

在应试教育的体制下，“不让孩子输在起跑线上”似乎已经成为很多妈妈的共识。当我们想方设法让孩子学这学那、用各种学习班塞满孩子的童年时，却不知道，孩子的幸福感正在被一点点剥夺。

不久前，我们受邀去重庆做一个教育专题讲座。在交流环节，一个年轻女孩非常感慨地发言说，她的整个童年都是在爸爸妈妈给她报的各种学习班中度过的，尽管自己不喜欢钢琴，也被迫练了十年。现在回想起来，自己的童年很苍白灰暗，一点色彩都没有。

相信和这个女孩有同样感受的孩子还有很多。

哈佛大学前任校长曾经说过："童年不是为成年做准备的。"新东方的创始人之一徐小平也非常赞同这个观点。在他看来，如果十八岁之前的时光都不快乐，像在服刑一样，那人生的四分之一也就白活了。而在这种状态中长大的孩子，青春期也不可能感到幸福。

徐小平有两个儿子，和别的孩子一样，他们也面临着上学以及各种竞争的压力。徐小平坦言，自己曾经也有名校情结，总在孩子面前唠叨名校如何好。

直到有一天小儿子问他，如果他上了名校，但却很不开心，那么上名校还有意义吗？

儿子的话深深刺痛了他，他想起身边有不少名校毕业的企业家朋友，尽管事业上很有成就，但内心却非常痛苦，他不希望将来自己的孩子也这样。就像儿子说的那样，如果不快乐，成功了又有什么意义？

因此，他对孩子的教育方式有了很大的改变，不断鼓励孩子自由自在、开心成长。

后来，他的两个儿子都迷上摇滚，想当摇滚巨星，小儿子先是迷上烹饪，后来又迷上街舞，甚至表示要随街舞队四处巡演而放弃上大学。

这时候，他强忍住了自己的愤怒和想要教训孩子的冲动，一方面尊重孩子的意愿，一方面通过刻意带孩子去感受大学氛围等方式，引导孩子自己做出上大学的决定。

后来，小儿子在上大学期间，加入了学校街舞队，继续跳着街舞。玩和学业，两者都没有耽误，最关键的是，孩子觉得非常快乐。徐小平也很庆幸自己当初没有强迫孩子放弃那些看似“不务正业”的兴趣和爱好。

2. 还孩子以自主，让他按自己的梦想去生活

在孩子成长的过程中，妈妈需要给予孩子全面的引导。但这种引导不是盲目的，而要根据孩子自身的情况，找到最适合孩子的路，让孩子能够按照自己的梦想去生活。

世上并没有衡量“成功”的尺度，我们很难说一个心中充满快乐、时时向旁人传递欢声笑语的厨师，和一个内心时时焦灼、随时准备“爆炸”、让周围人都备感压抑的企业家相比，谁的人生更成功，更幸福。

一个孩子一条路。有时候，别的孩子成功的路径，不一定适合自己的孩子。非把孩子逼上“独木桥”，不一定有好的结果。相反，尊重孩子的愿望，还孩子以自主，孩子或许更容易成功。

台湾著名作家琼瑶，就是一个很好的例子。

琼瑶出生于一个知识分子家庭，父亲是大学教授，母亲是重点中学的教师。在这样的家庭环境下，父母对孩子的期望自然比一般家庭要高。

但尽管琼瑶的语文成绩很好，数理化却一塌糊涂，几乎没有一场考试能顺利过关。最后，她成了班里成绩最差的学生。

到了高中，她的成绩更是每况愈下。有一次，她数学只考了二十分，回到家却发现妹妹因为考试考了九十八分，没有得满分而坐在门口痛哭。

满心羞愧的她，在饱受内心的煎熬后，才鼓起勇气将试卷拿出来给母亲签字，结果可想而知，母亲对她进行了严厉的责骂。羞愧难当之下，她写下一封长信后选择了服毒自杀，幸好被及时发现，经过一周的抢救才挽回了生命。

进入高三，父母的态度很明确：陈家不能有考不上大学的女儿！然而，经过一年的苦读，她还是落榜了，当时她的第一个念头就是死。但这一次，她还是被及时发现并抢救了过来。

之后，母亲要求她再考一次大学。尽管当时家里穷得连吃饭都成问题，但母亲还是在第二天就给她请来了家庭教师。在巨大的压力下，她又开始复习，不料，第二次高考，她又落榜了。

她的这次落榜，受打击最大的还是母亲。但母亲很快又重新振作起精神，鼓励琼瑶进行第三次考试。

这一次，琼瑶下定决心不再参加高考，她十分清楚自己的长处和短处，也越来越明白自己最有兴趣的事情就是写作。她觉得，只有写作才是自己唯一的出路！

于是她没有再妥协，坚决而冷静地向家人宣布了自己的决定，开始真正追求自己的梦想，最终取得了非凡的成就。

值得庆幸的是，琼瑶是一个有主见的孩子，最终勇敢地选择了适合自己的路。如果她很懦弱，只懂得一味顺从父母，那么结局可能是：她会再一次选择自杀，造成永远无法挽回的悲剧。

当孩子的确具备某些潜质和天赋的时候，我们要想办法去引导，去挖掘。但如果像琼瑶一样，无论父母再怎么鼓励，自己再怎么努力，成绩仍然毫无起色，那么就不如让孩子按照自己的天性去发展，让孩子以自己喜欢、适合自己的方式去走自己的路，实现自己的梦想。

这不仅需要我们正确看待自己的孩子，不盲目将孩子与他人做比较，还要我们懂得将成功的标准放宽：不一定考上大学才是成功，走另外的路也可以成功。

当我们能用宽容的心态去对待和接受孩子之间的差异，让孩子以最适合自己的方式去发展时，他们才有可能取得真正属于他们的成功。

3. 还孩子以“人”，别让“完满病”把他压倒

很多时候，孩子之所以感到不快乐，是因为我们对孩子的期望太高，孩子难以达到。要让孩子获得幸福感，我们就不能有“完满病”，更不能希望孩子是“十项全能”。

曾经看到这样一个让人心痛的案例。

一个十八岁的女孩在高考后跳楼自杀了。因为根据自己的估分，她觉得自己可能考不上第一志愿清华大学，加上父母不停地抱怨，她最终选择结束自己的生命。但实际上，她最终的分数达到了清华大学的录取线。

孩子之所以这样选择，和她的母亲有很大的关系。

上小学后的第一次考试，女孩语文和数学都得了九十九分。但她的妈妈不仅没有表扬她，还给了孩子两个耳光，责骂孩子为什么这么粗心，没有拿到双百。

无论她怎么努力，都不能让妈妈满意，即使在班里得了第一名，妈妈也会说：

“没什么可骄傲的，有本事去拿全校第一、全市第一、全省第一。”

在遗书中，孩子写道：“这些年来，我活得好累好累，为了做一个最好的、最优秀的孩子，我拼命努力，可是现在，我已经没有勇气和力量再往前走了……”

本来一个非常优秀的孩子，却被父母的“完满病”逼上了绝路。

从表面上看，妈妈的做法似乎是为了让孩子不要骄傲自满，但却会严重打击孩子的自信心，让孩子感到没有快乐，只有压力，前途渺茫。

妈妈们都希望孩子出类拔萃，不甘于让孩子重复像自己一样普通而平凡的生活，甚至将自己没有实现的梦想全部寄托在孩子身上，因此从小就对孩子“高标准，严要求”。孩子做得不好固然要责骂，即使孩子已经做得很出色，一些妈妈也不愿意鼓励和赞赏，而是不断提出更高的目标和要求。

久而久之，孩子就会感到灰心：再怎么努力也没用，我永远也达不到妈妈的要求。孩子会觉得没有意思，幸福感更是无从谈起，甚至产生悲观厌世的情绪，导致悲剧的发生。

因此，妈妈不要用“完美”的标准来要求孩子：

第一，在学习上不要给孩子过大的压力。

如果孩子考了九十八分，我们一方面要夸奖孩子，另一方面可以帮孩子指出被扣掉的两分错在哪里，避免以后再犯同样的错误，不能像前面案例中的母亲一样，直接给孩子两个耳光，叱问孩子为什么没有考一百分。

这样的妈妈只能说是蛮不讲理，为什么要紧盯着孩子的一点失误不放，而不多看看孩子的进步和努力？

第二，凡事可以要求孩子尽力做好，而不是一定要求十全十美。

要求孩子尽力做好每一件事是合理的，但尽力做好并不等于十全十美。作为妈妈，我们也不可能将每一件事都做得完美无缺，又怎么能够强求孩子所有的事情都做得很好？

第三，“精英教育”也要根据实际情况量力而行。

每个孩子的情况是不一样的，不要一味地随大溜，生搬硬套地用所谓“精英”的标准去要求孩子：别的孩子学琴棋书画，我的孩子也要学；别的孩子考托福，我的孩子也要考；别的孩子要在学术界有所建树，我的孩子也要……

如果这样做，那么不仅孩子痛苦，妈妈最后也会发现，自己所做的种种努力和“培养”，到头来不过是白费力气。

所以，我们最重要的事是帮孩子找准最适合他发展的道路和方向，否则就容易适得其反。

“精英教育”并不适用于每个孩子。适合孩子的，才是最好的。

4. 营造幸福的家庭氛围，让“远亲近敌”的现象远离

所谓“远亲近敌”，指的是孩子不在身边，离得远，就百般挂念，但当孩子在身边时，却又百般挑剔，这也不行那也不行。这种“远亲近敌”的现象，不仅会给孩子带来很大的伤害，也会让孩子变得不愿意跟我们亲近。

这就需要我们对孩子少一点指责，多一点认可，少一点冷脸，多一点笑脸，给孩子营造一个充满温馨、幸福的家庭氛围。

当代著名作家、散文家、戏剧家汪曾祺认为，一个缺少笑声、笼罩着令孩子敬畏气氛的家庭，必然伤害孩子活泼的天性，不利于孩子的健康成长。

汪曾祺的三个孩子都不怕父亲，因为父亲在他们眼里，更像一个“大哥哥”，时不时就会童心大发，和他们一起嬉戏打闹。

汪曾祺两个女儿小的时候特别喜欢给父亲梳小辫，汪曾祺总是任由两个孩子在他头上乱抓一气，甚至扎满五颜六色的绸带，他也始终是笑眯眯的，一点也不生气。

等女儿们玩够了，汪曾祺还会认真征求女儿们的意见，询问是否可以将绸带拆下来。如果女儿们不同意，汪曾祺就会继续顶着一头花花绿绿的绸带做别的事情。

在这种温馨、和谐的家庭气氛中，孩子内心的幸福感往往会比一般孩子更加强烈，也更善于从身边发现和体会幸福，不仅心理更加健康，成长的过程也会更加快乐。孩子会充满信心，即使遇到烦恼和困境，也能够用积极、乐观的心态去面对。

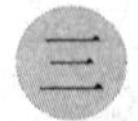 在家庭存折中增加“爱的存款”

我们都有这样的感觉，当我们存折上的钱越多，我们就会感到越安全、越满足。

其实，对一个家庭而言，存折上的金钱固然重要，但是你有没有想过，在这个存折中，还应该增加“爱的存款”，这也是让孩子提升幸福感非常重要的方式。

1. 宁可少给钱，也要多给爱

一次，我们在北京一所著名的国际双语学校，给学生做有关“生命智慧”的讲座。在讲座的过程中，我们注意到一个坐在角落里的俊秀男孩，他显得有些忧郁，一副郁郁寡欢的样子，和其他朝气蓬勃的孩子形成了鲜明的对比。

讲座结束后，我们经过操场，意外地发现他正一个人坐在操场上，看着天空发呆。

于是我们走过去问他：“你在干什么啊？”

“我在无聊。”他抬头看了看我们，冷淡地说。

“那你在看什么呢？”

“我在看天上的云彩。”

“你的爸爸妈妈呢？”

“妈妈出国了，爸爸做生意。”

“你多久能见他们一次？”

“不知道，有时候半年，有时候一年，或许更久。”

“能告诉我你的电话吗？有空的时候，我们可以聊聊天。”

“我没有手机，也不需要手机，我不想他们烦我，我爸爸妈妈认为钱能买到一切，从小就把我送到贵族学校。每天中午的时候，我就会来这里看看，我觉得天上的云彩都比他们可爱。我一点儿也不幸福。”

这个“不幸福”的男孩给我们留下了深刻的印象，也让我们心中多了一份隐隐约约的牵挂。

半年后，我们又一次应邀来到这所学校。讲座结束后，我们特意去了那个男孩所在的班级，却没有见到他。后来，他的同学告诉我们，男孩得了忧郁症，三个月前就退学了。

事情尽管过去了好几年，但这个男孩的形象却一直在我们心中挥之不去，我们常常想：如果当初他的父母没有将他送进贵族学校，让他从小过着远离父母的寄宿生活；如果他的父母能多花点时间陪陪他，经常和他交流；如果他的内心充满的不是孤独，而是幸福……或许，他的生活就会完全是另外一种样子。

“问题少年”背后往往有一个“问题家庭”，缺少幸福感的孩子往往更容易走向极端：或在空虚中自暴自弃，或冷漠自私，或走上歧路……

很多时候，爸爸妈妈都拼命工作赚钱，让孩子成为物质上的“贵族”。无论是家庭还是学校，尽管一直给孩子灌输责任、理想，却偏偏忘了，孩子还需要“浇灌”幸福。

对于孩子来说，钱和物质并不能换来幸福，只有我们不断给予孩子爱和陪伴，才能让孩子获得幸福。

2. 在点点滴滴中让孩子感受到你的深爱

提起幸福，很多妈妈会觉得这是很空洞、飘忽不定的东西。但实际上，幸福并不是要等什么轰轰烈烈的大事发生后才能获得，相反，幸福往往体现在细节当中。

台湾著名作家罗兰在一篇文章中回忆道：

> 自己小时候，每天晚上临睡之前，父亲必定会在床前陪伴她和姐姐，讲故事给她们听，讲到睡意蒙眬时，孩子们就会请求父亲：
>
> “爸爸，我们要睡了，给我们留一点好吃的东西，明天早晨吃。”
>
> 父亲总是微笑着答应，于是罗兰便会带着希望甜甜地入睡。第二天早上，罗兰醒来后的第一件事情，必定是将手伸向枕头下面。每次她都能摸到各种小零食，包括花生、核桃、杏干、柿饼、山楂片等等。
>
> 拿着父亲放置的小零食，她的心中立刻就会充满欢喜，高高兴兴地下床洗漱，迎接新的一天，觉得生活是如此轻快、顺利，又是如此光明、惬意。
>
> 在她的童年里，一直觉得世界是可爱的，人间是温暖的，亲情是可以信赖的，而愿望是一定能实现的。
>
> 生活中的这些小事给罗兰带来强烈的幸福感。她一生中都很少对事情抱有怀疑态度，一直保持积极向上的心态。

其实，在孩子眼中，幸福就是这么简单，就是实现一个小小的心愿，就是那些不被人注意的细节。好妈妈一定不要忘记从身边的小事做起，从细节上给予孩子关爱。

另外，想让孩子从细节中感受到幸福，妈妈还要善于创造幸福的氛围。

赵小兰是美国第一位华裔女部长，她从小就生活在一种很幸福的生活氛围中。在赵家，父母会抽大量时间和孩子一起做游戏、讨论问题。

有一次，父亲对孩子们说："孩子们，你们愿意和我一起进行一项伟大的工程吗？"

几个孩子争先恐后地回答："愿意！做什么？"

父亲便带着孩子走到门前，指着旁边的一堆石子说："那些石子堆在那儿不仅占地方，也不好看，我们可不可以把石子弄过来，铺成一条小路呢？"

孩子们听后都非常兴奋，她们从来没有干过这么"伟大"的事，在父亲的带领下，孩子们开始了"修路"生涯。

几个月后，一条碎石子铺成的、长约一百二十多米的小路弯弯曲曲地通向远方的小树林。"完工"那天，几个孩子又唱又笑，比得到任何礼物都高兴。

这件事给赵小兰留下了深刻的印象，而一家人齐心协力"修路"的过程又给了她特别温馨的感觉，这种幸福感一直珍藏在她的记忆里。

3. 陪伴是爱的最好体现

如果有一天，你同时接到两份邀请函，一份是邀请你参加一个重要的会议，一份是学校邀请你参加孩子的运动会。作为妈妈，你会怎么选择？

相信很多妈妈在一番权衡之后，最终会选择出席重要会议。

那么我们来看看雅芳全球董事会主席兼首席执行官钟彬娴是怎么做的。

有一天，钟彬娴同时接到了两份邀请。

一份来自白宫，布什总统将要接见她；而同一时间，她的女儿要参加学校的歌唱比赛，希望她能到场给予支持和鼓励。

钟彬娴没有丝毫迟疑，马上回绝了总统的邀请。她的理由很简单：孩子的成长过程，不能没有家长的陪伴，错过了，就是真正的错过。而美国总统，今天可以见，明天也可以见，今后还有很多机会。

钟彬娴的做法，或许在很多人看来不可思议：和被总统接见的荣耀相比，孩子的歌唱比赛可以说是微不足道，但钟彬娴却偏偏选择了去参加女儿的歌唱比赛。

其实反过来想想，总统一天要接见很多人，哪怕你的地位再高，再重要，对他来说也不过是一件很平常的事。但对孩子来说，这种重要时刻，有没有妈妈在身边，意义却不一样。妈妈的这一举动，或许会成为滋润和浇灌她一生的源泉。相比之下，谁轻谁重，自然不言而喻。

忙碌的钟彬娴尚且能做到这些，那我们的妈妈学学她又何妨，哪怕再忙再辛苦，也多花一些时间陪伴孩子，让孩子在你的陪伴中体会浓浓的爱。

然而在现实生活中，很多妈妈在工作和家庭的双重压力下，往往更注重对孩子物质上的满足，忽略了孩子精神上的需求，特别是对爱的需求和对陪伴的渴望。这时候，请记住：

① 陪伴是爱孩子的具体体现，有时甚至是最好的体现。

做一个现代妈妈真的很不容易，白天要上班，承受来自职场的各种压力，回家后还要忙家务，辅导孩子做功课。事业和家庭兼顾之下，忙碌和辛苦可想而知。

正因为如此，很多妈妈在不知不觉间和孩子的交流越来越少，除了关注孩子的学习外，平时很少能够真正静下来，好好陪陪孩子，分享他们的快乐，分担他们的烦恼，听听他们的心声。

但对于任何一个成长中的孩子来说，妈妈的陪伴都是至关重要的，因为陪伴是爱的最好体现。

② 时时要让孩子感觉到他对你很重要。

无论什么时候，都不要让孩子产生自己被忽略的感觉。即使有时候你真的很忙，也要真诚地告诉孩子：

“妈妈最近工作很忙，经常需要加班，可能没有太多时间陪你。但我特别希望得到你的理解和支持，因为你是我最爱的人！”这样一来，孩子就比较容易接受，不会轻易产生被妈妈冷落的感觉。

另外，当孩子成绩提高和其他方面取得进步的时候，别忘了用语言、表情甚至拥抱来表达你的喜悦，让孩子感觉到你为他而感到骄傲。

当孩子难过的时候，妈妈也一定要记得及时给他安慰和鼓励，帮助他尽快走出阴影。

这样，孩子就会知道，你永远都会陪伴在他左右，和他在一起，无论什么时候，他都是你最爱的人！

沐浴在爱中长大的孩子，心中也必定会充满爱，对生活和未来充满信心！